国家“双一流”建设学科

辽宁大学应用经济学系列丛书

学术系列

总主编◎林木西

价值链分工、贸易利益与中国的策略选择

——基于要素收入视角的分析

GVC, Trade Benefit and China's Strategy Selection

-An Analysis from the Perspective of Factor Income

李　丹　韩渊源　著

中国财经出版传媒集团

经济科学出版社

Economic Science Press

图书在版编目（CIP）数据

价值链分工、贸易利益与中国的策略选择：基于要素收入视角的分析/李丹，韩渊源著．—北京：经济科学出版社，2020.12
（辽宁大学应用经济学系列丛书．学术系列）
ISBN 978-7-5218-2162-8

Ⅰ.①价… Ⅱ.①李…②韩… Ⅲ.①对外贸易-贸易发展-研究-中国 Ⅳ.①F752

中国版本图书馆 CIP 数据核字（2020）第 243761 号

责任编辑：于海汛　陈　晨
责任校对：郑淑艳
责任印制：范　艳　张佳裕

价值链分工、贸易利益与中国的策略选择
——基于要素收入视角的分析
李　丹　韩渊源　著
经济科学出版社出版、发行　新华书店经销
社址：北京市海淀区阜成路甲 28 号　邮编：100142
总编部电话：010-88191217　发行部电话：010-88191522
网址：www.esp.com.cn
电子邮箱：esp@esp.com.cn
天猫网店：经济科学出版社旗舰店
网址：http://jjkxcbs.tmall.com
北京季蜂印刷有限公司印装
710×1000　16 开　14.5 印张　210000 字
2020 年 12 月第 1 版　2020 年 12 月第 1 次印刷
ISBN 978-7-5218-2162-8　定价：58.00 元
（图书出现印装问题，本社负责调换。电话：010-88191510）

总　序

本丛书为国家“双一流”建设学科“辽宁大学应用经济学”系列丛书，也是我主编的第三套系列丛书。前两套系列丛书出版后，总体看效果还可以：第一套是《国民经济学系列丛书》（2005 年至今已出版 13 部），2011 年被列入“十二五”国家重点出版物出版规划项目；第二套是《东北老工业基地全面振兴系列丛书》（共 10 部），在列入“十二五”国家重点出版物出版规划项目的同时，还被确定为 2011 年“十二五”规划 400 种精品项目（社科与人文科学 155 种），围绕这两套系列丛书取得了一系列成果，获得了一些奖项。

主编系列丛书从某种意义上说是“打造概念”。比如说第一套系列丛书也是全国第一套国民经济学系列丛书，主要为辽宁大学国民经济学国家重点学科“树立形象”；第二套则是在辽宁大学连续主持国家社会科学基金“八五”至“十一五”重大（点）项目，围绕东北（辽宁）老工业基地调整改造和全面振兴进行系统研究和滚动研究的基础上持续进行探索的结果，为促进我校区域经济学学科建设、服务地方经济社会发展做出贡献。在这一过程中，既出成果也带队伍、建平台、组团队，使得我校应用经济学学科建设不断跃上新台阶。

主编这套系列丛书旨在使辽宁大学应用经济学学科建设有一个更大的发展。辽宁大学应用经济学学科的历史说长不长、说短不短。早在 1958 年建校伊始，便设立了经济系、财政系、计统系等 9 个系，其中经济系由原东北财经学院的工业经济、农业经济、贸易经济三系合成，财税系和计统系即原东北财经学院的财信系、计统系。1959 年院系调整，将经济系留在沈阳的辽宁大学，将财政系、计统系迁到大连组建辽宁财经学院（即现东北财经大学前身），将工业经济、农业经济、贸易经济三个专业的学生培养到毕业为止。由此形成了辽宁大学重点发展理论经济学（主要是政治经济学）、辽宁财经学院重点发展应用经济学的大体格局。实际上，后来辽宁大学也发展了应用经济学，东北财经大学也发展了理论经济学，发展得都不错。1978 年，辽宁大学恢复招收工业经济本科生，1980 年受人民银行总行委托、经教育部批准开始招收国际金融本科生，1984 年辽宁大学在全国第一批成立了经济管理学院，增设计划统计、会计、保险、投资经济、国际贸易等本科专业。到 20 世纪 90 年代中期，辽宁大学已有西方经济学、世界经济、国民经济计划与管理、国际金融、工业经济 5 个二级学科博士点，当时在全国同类院校似不多见。1998 年，建立国家重点教学基地"辽宁大学国家经济学基础人才培养基地"。2000 年，获批建设第二批教育部人文社会科学重点研究基地"辽宁大学比较经济体制研究中心"（2010 年经教育部社会科学司批准更名为"转型国家经济政治研究中心"）；同年，在理论经济学一级学科博士点评审中名列全国第一。2003 年，在应用经济学一级学科博士点评审中并列全国第一。2010 年，新增金融、应用统计、税务、国际商务、保险等全国首批应用经济学类专业学位硕士点；2011 年，获全国第一批统计学一级学科博士点，从而实现经济学、统计学一级学科博士点"大满贯"。

在二级学科重点学科建设方面，1984 年，外国经济思想史（即后来的西方经济学）和政治经济学被评为省级重点学科；1995 年，西方经济学被评为省级重点学科，国民经济管理被确定为省级重点扶持学科；1997 年，西方经济学、国际经济学、国民经济管理被评为省级重点学科和重点扶持学科；2002 年、2007 年国民经济学、世界经济连续两届被评为国家重点学科；2007 年，金融学被评为国家重点学科。

在应用经济学一级学科重点学科建设方面，2017 年 9 月被教育部、财政部、国家发展和改革委员会确定为国家"双一流"建设学科，成为东北地区唯一一个经济学科国家"双一流"建设学科。这是我校继

1997年成为“211”工程重点建设高校20年之后学科建设的又一次重大跨越，也是辽宁大学经济学科三代人共同努力的结果。此前，2008年被评为第一批一级学科省级重点学科，2009年被确定为辽宁省“提升高等学校核心竞争力特色学科建设工程”高水平重点学科，2014年被确定为辽宁省一流特色学科第一层次学科，2016年被辽宁省人民政府确定为省一流学科。

在“211”工程建设方面，在“九五”立项的重点学科建设项目是“国民经济学与城市发展”和“世界经济与金融”，“十五”立项的重点学科建设项目是“辽宁城市经济”，“211”工程三期立项的重点学科建设项目是“东北老工业基地全面振兴”和“金融可持续协调发展理论与政策”，基本上是围绕国家重点学科和省级重点学科而展开的。

经过多年的积淀与发展，辽宁大学应用经济学、理论经济学、统计学“三箭齐发”，国民经济学、世界经济、金融学国家重点学科“率先突破”，由“万人计划”领军人才、长江学者特聘教授领衔，中青年学术骨干梯次跟进，形成了一大批高水平的学术成果，培养出一批又一批优秀人才，多次获得国家级教学和科研奖励，在服务东北老工业基地全面振兴等方面做出了积极贡献。

编写这套《辽宁大学应用经济学系列丛书》主要有三个目的：

一是促进应用经济学一流学科全面发展。以往辽宁大学应用经济学主要依托国民经济学和金融学国家重点学科和省级重点学科进行建设，取得了重要进展。这个“特色发展”的总体思路无疑是正确的。进入“十三五”时期，根据“双一流”建设需要，本学科确定了“区域经济学、产业经济学与东北振兴”“世界经济、国际贸易学与东北亚合作”“国民经济学与地方政府创新”“金融学、财政学与区域发展”“政治经济学与理论创新”五个学科方向。其目标是到2020年，努力将本学科建设成为立足于东北经济社会发展、为东北振兴和东北亚区域合作做出应有贡献的一流学科。因此，本套丛书旨在为实现这一目标提供更大的平台支持。

二是加快培养中青年骨干教师茁壮成长。目前，本学科已形成包括长江学者特聘教授、国家高层次人才特殊支持计划领军人才、全国先进工作者、“万人计划”教学名师、“万人计划”哲学社会科学领军人才、国务院学位委员会学科评议组成员、全国专业学位研究生教育指导委员会委员、文化名家暨“四个一批”人才、国家“百千万”人才工程入选者、国家级教学名师、全国模范教师、教育部新世纪优秀人才、教育部高等学校教学指导委员会主任委员和委员、国家社会科学基金重大项目首席专家等在内的学科团队。本丛书设学术、青年学者、教材、智库四个子系列，重点出版中青年教师的学术著作，带动他们尽快脱颖而出，力争早日担纲学科建设。

三是在新时代东北全面振兴、全方位振兴中做出更大贡献。面对新形势、新任务、新考验，我们力争提供更多具有原创性的科研成果、具有较大影响的教学改革成果、具有更高决策咨询价值的智库成果。丛书的部分成果为中国智库索引来源智库“辽宁大学东北振兴研究中心”和“辽宁省东北地区面向东北亚区域开放协同创新中心”及省级重点新型智库研究成果，部分成果为国家社会科学基金项目、国家自然科学基金项目、教育部人文社会科学研究项目和其他省部级重点科研项目阶段研究成果，部分成果为财政部“十三五”规划教材，这些为东北振兴提供了有力的理论支撑和智力支持。

这套系列丛书的出版，得到了辽宁大学党委书记周浩波、校长潘一山和中国财经出版传媒集团副总经理吕萍的大力支持。在丛书出版之际，谨向所有关心支持辽宁大学应用经济学建设与发展的各界朋友，向辛勤付出的学科团队成员表示衷心感谢！

林木西

2019 年 10 月

目　录

第一章

全球价值链分工下贸易利益来源的理论创新与重构

当前国际分工已进入全球价值链分工模式，生产要素在国际间流动性增强。生产要素作为参与国际分工的基础单元，贸易利益更为直观地表现为本国生产要素参与国际分工获得的要素收益，即要素收入。而且，生产要素收入的提升也成为贸易质量提升的根本体现。从理论体系来讲，对外贸易对一国要素收入分配存在影响的理论思想，最初可见于斯密的绝对优势理论。其后，各个阶段的主要贸易理论和贸易思想都从不同的角度对这一问题进行了探讨。从现实角度来讲，经济全球化和贸易自由化所带来的贸易扩大的的确确增加了各国的总收入，而且有力地推动了世界范围内生产力的提升和国际分工的深化。但随之而来的问题是贸易对一国国内要素收入以及要素收入分配的影响几何？这一问题的分析也成为各阶段理论分析的核心。根据对八份最主要的经济学和国际贸易领域前沿期刊①统计，2015 年发表的国际贸易相关研究中，贸易与生产要素（特别是劳动要素）为第四大主要研究领域，贸易福利与贸

① 八大期刊包括：《美国经济评论》（*American Economic Review*）、《计量经济学》（*Econometrica*）、《政治经济学》（*Journal of Political Economy*）、《经济学季刊》（*Quarterly Journal of Economics*）、《国际经济评论》（*International Economic Review*）、《经济研究评论》（*Review of Economic Studies*）、《经济学与统计学评论》（*Review of Economics and Statistics*）、《国际经济学》（*Journal of International Economics*）。

易自由化效应则为第二大领域。而实际上，全球价值链分工背景下，贸易福利的研究越来越集中于生产要素领域。因此，如果将两个子研究领域结合，那么贸易福利与生产要素的相关研究成为仅次于异质性企业贸易的第二大研究热点。随着对价值链分工下的生产要素收入问题的理论和实证研究的深入，该领域涌现出诸多新的研究进展。更为重要的是，在全球价值链分工下探讨生产要素收入问题为广大发展中国家和新兴工业化国家实现对外开放与开放收益的可持续发展和整体国民福利的进一步改善提供了新的理论视角。

第一节　全球价值链分工下贸易利益的理论创新

对外贸易能够带来国家福利的增加已得到理论的印证，并且早已成为国际经济学理论的核心原则。每个阶段的国际经济理论都试图解释贸易给参与国带来了什么福利；给产业、行业和企业带来了什么效益；给生产要素的提供者带来了什么收益。贸易理论的每一步向前推进以及新贸易理论的产生都以贸易成因作为研究的起点，而对于贸易利益的分析则每每成为落脚点。

一、全球价值链分工与贸易利益的新内涵

传统国际贸易理论将贸易差额或贸易条件作为贸易利益进行衡量，并且大多表明参与国际分工能够带来福利的提升①。随着全球价值链分工的兴起，中间产品和服务在国家间多次流转，传统的总值贸易统计方法无法对此进行剔除导致严重的“重复计算”问题，无法反映真实的

① 部分以贸易条件作为基准分析贸易利益的理论指出参与国际分工可能导致贸易收益的恶化，如普雷维什（Prebish）和辛格（Singer）的“中心—外围”理论、巴格瓦蒂（Bhagwati）的贫困化增长理论。

国际贸易状况。特别是对于发展中国家，贸易规模与贸易利益极不匹配。约翰逊和诺格拉（Johnson and Noguera，2012）指出全球价值链分工模式下很多国家的贸易增加值和贸易规模存在错位的现象。库普曼等（Koopman et al.，2012）对中国的贸易数据进行检验后发现，中国出口贸易所含的增加值远低于出口总额。全球价值链分工模式下，贸易利益与贸易规模分离的问题逐步得到关注，传统贸易统计下被淡化的国家间贸易利益差异和不平等问题得到前所未有的重视。

20 世纪 80 年代初便有学者对具有全球价值链特点的多阶段生产和贸易利益进行开创性探索，但是由于统计上的限制，这些研究并没有对全球价值链下贸易利益的来源和衡量进行分析。在方法方面，胡梅尔斯等（Hummels et al.，2001）创新性地从出口中分解出贸易增加值，开启了以贸易增加值作为衡量贸易收益的重要来源的新思路，并且成为贸易领域的学术主流。随着全球价值链框架下增加值贸易的研究和贸易增加值统计方法的推进，全球价值链分工下的贸易利益有了新的理论内涵——价值增值。以价值增值为统计口径的增加值贸易统计方法能够将传统贸易的基本统计单元由最终商品缩小到中间品和零部件，将统计口径由商品总值缩小到增加值，因而能够直击全球价值链中的价值创造的来源，精准地反映贸易利益状况。

随着以企业异质性为研究对象的新新贸易理论的发展，贸易增长方式的理论前沿被大大拓宽，贸易增长可以沿扩展边际和集约边际实现。那么贸易增加值作为贸易利益来源是否也存在二元边际的问题？基于此思想，马库森（Markusen，2012）得出扩展边际下的新增中间品贸易能够带来贸易利益的增加，而且在国家间对称和片段化生产对称的情况下①，贸易利益增加较多。这一分析结论具有较强的政策意义，对一国参与全球价值链分工，特别是发展中国家参与国际分工提供了改善贸易利益的方向和

① 按照詹姆斯·马库森（James Markusen）的分析，国家间对称是指进行贸易的国家规模相似；片段化生产对称是指一国在全球价值链分工下即参与劳动密集型中间品生产，也参与资本密集型中间品生产。

思路。随着异质性企业贸易研究的深入，这一结论得到了广泛的证实，而且扩展边际下贸易利益的量化研究也使得研究结论和政策导向更加直观。

二、全球价值链分工与贸易利益的理论框架创新

20 世纪 80 年代以来，国际贸易以超越世界产出的速度增长，各国对于国际贸易拉动经济增长的作用和国际贸易的福利效应也总是抱有最大的期望。然而，实证分析的结果却不尽如人意，贸易利益测度的结果相对较小，如对 19 个经济合作与发展组织（OECD）国家的实证研究指出国家由开放型经济向自足型经济转变的福利成本仅为 0.2% ~10.3%，直观地表明贸易利益远没有所期望的那么高。那么，价值链分工下是否也存在贸易利益被低估的问题？价值链分工下的贸易增加值统计方法是否能够对贸易利益的理论体系有更新的解释？

在此方面，学者从理论体系的角度对贸易利益低估问题进行了深入的研究。卡里恩多和帕罗（Caliendo and Parro，2015）通过在模型中引入投入产出分析，很大程度上提升了贸易的福利效应。梅里兹和雷丁（Melitz and Redding，2014）利用价值链思想下的连续生产模型，得出贸易能够对生产进行重组，进而提升国内生产率。因此，贸易引致的国内生产率的变化能够对整体贸易利益进行量化，这一方面大幅提升了贸易利益，解决了贸易利益失踪的问题；另一方面大大简化了贸易利益量化的模型。以美国为例，当分析框架从单一部门生产和完全竞争模型转变为多部门生产、中间品贸易模型时，贸易利益从 1.8% 上升至 8.3%。

第二节　全球价值链分工下贸易利益实质与生产要素收入

价值链分工模式改变了以贸易总额或差额作为贸易利益来源的评价和判断机制，同时也变革了贸易利益的实现和分配机制。从一方面来

讲，不同价值链环节的要素密集度和创造的价值增值随价值链环节而变化，价值增值与生产要素获得的报酬直接相关。因此贸易利益需要从更加微观的维度进行量化和分离。从另一方面来看，以生产要素跨境流动为本质特征的全球价值链分工背景下，贸易利益的厘清需要考虑生产要素所有权的国民属性问题。因此，全球价值链分工下贸易利益的实质是贸易中所含本国要素的收益情况，而且从这个角度理解的贸易利益也更加直观和准确。

拉蒙和罗德里格斯 - 克莱尔（Ramondo and Rodríguez - Clare，2013）指出由于对外贸易仅仅是跨国生产的一个替代变量，来自开放的利益要比仅仅用贸易指标衡量的利益大得多，因此文章用实际收入和实际工资衡量的来自贸易、跨国生产的利益和同时来自两者的利益，发现后者几乎是前两者的两倍。法利（Fally，2012）认为生产阶段和产品生产链涉及的企业数量是贸易和其他经济领域中的重要问题，而且全球价值链下的片段化生产极大地降低了贸易成本，提升了实际收入，使得贸易利益出现放大效应。近年来的研究趋势说明，全球价值链分工下生产要素收入问题正成为热点，而这本质上是全球价值链分工下贸易利益来源的微观化。因此，贸易的福利效应分析和贸易的要素收入效应分析只是问题的两个方面，着眼点不同而已。

基于微观要素作为贸易利益衡量的思想，越来越多的学者将生产要素收入，特别是劳动要素收入作为贸易利益的替代变量进行研究，为一国实现对外开放与开放收益的可持续发展和整体国民福利的进一步改善提供了新的理论视角。阿尔科拉基斯等（Arkolakis et al.，2008）利用完全竞争模型，用实际工资变化比率作为贸易利益指标，将贸易利益的衡量简化为本国商品消费比重 λ 和进口弹性 ε。考思提诺特和罗德里格斯 - 克莱尔（Costinot and Rodríguez - Clare，2013）采用同样的方法，将实际收入的变化率作为贸易利益的量化指标。阿尔科拉基斯等（2012）进一步从理论方面进行拓展，将模型适用范围由完全竞争扩大到垄断竞争，指出贸易利益不管来自哪个边际效应，以实际收入水平来衡量的贸易利益都可以用本国商品消费比重 λ 和进口弹性 ε 来计算，这说明尽管贸易利益的来源不同，在同一组贸易数据下的总体贸易利益相同。这一研究既挑战了贸易利益二元边际的思想，又留下了值得深入研究的问题，即采用微观层面的数据对贸易利益进行分析，还需理论模型的进一步创新。因此文章最后指出，贸易利益的研究还远远不够。

第三节 全球价值链分工下贸易利益重构与生产要素收入

全球价值链分工模式下，传统的贸易利益无论是利益来源、利益获得主体，还是利益分配机制都发生了深刻的变化。贸易利益更为直观地表现为本国生产要素参与国际分工过程中获得的要素收益，贸易利益分配也微观化地表现为生产要素收入分配。随着生产要素流动性的增强，全球价值链构建出全新的贸易利益分配格局以及生产要素收入分配网络。因此，贸易与要素收入的问题需要更为创新性的理论体系。

一、全球价值链分工与生产要素配置重构

从理论角度，全球价值链对贸易利益或生产要素收入的影响是全球价值链对生产要素配置影响的表现，是全球价值链影响要素收入的途径和机制。阿特基森和比尔斯坦（Atkeson and Burstein，2010）基于异质性企业的思想，在单一产品和单一要素模型的基础上，将研究模型扩展为多要素和多产品后发现，贸易成本的下降能够对创新活动进行重新配置，即在创新领域配置更多的生产要素，因此也造成了技能溢价。比尔斯坦和沃格尔（Burstein and Vogel，2011）同样在异质性企业的框架下指出，贸易份额的扩大能够改变贸易的要素含量，进而促进生产要素的重新配置，但前提假设是企业进入市场和企业对市场的选择是内生性的。比尔斯坦和克莱维诺（Burstein and Cravino，2015）分别在基础模型、Melitz 模型以及 Krugman 模型三种情况下进行了研究，指出贸易自

由化促进了生产要素的重新配置，但在不同模型中，要素重新配置的程度不同。卡恰托雷（Cacciatore，2014）从劳动要素市场摩擦的角度将贸易引致的生产要素配置和贸易利益联系起来，研究指出贸易一体化推动生产活动向具有更加灵活的劳动力市场的国家转移，而劳动力市场刚性较强的国家由于要素重新配置能力较弱，因而贸易利益相对较小。相似地，考思提诺特和罗德里格斯－克莱尔（2013）研究得出中间品贸易所带来的贸易成本下降推动了生产要素向效率更高的企业重新配置，相当于贸易利益的第二轮提升，因此文章认为全球价值链所推动的生产要素重新配置带来了额外的贸易利益。这一分析结论对于全球价值链分工模式下提升参与国贸易利益提供了新的角度。

当然，关于全球价值链对要素配置的影响也存在不同的声音。如戈德伯格和帕夫尼克（Goldberg and Pavcnik，2007）认为由于狭义的部门之间生产率差异巨大，因此像美国这样的发达国家贸易的要素含量并不高，因而贸易引致的部门间生产要素配置以及贸易对技能溢价的影响不大。比尔斯坦和沃格尔（2011）从部门间效应和部门内效应两个方面分析全球化下的贸易和跨国生产对技能溢价的影响，其中部门间效应就是对劳动要素部门间配置问题的研究，但是研究结论同样不支持全球价值链影响一国各个部门之间的劳动要素配置的观点。但是，经济理论的正与反从来不是互相割裂、毫无联系的。比尔斯坦和沃格尔（2010）在否定两者关系的基础上继续指出，贸易的要素含量确实对劳动的部门间重新配置具有较大的影响，国际贸易对技能溢价的影响可以简单地总结为贸易的要素含量的变化。

二、全球价值链分工与生产要素间收入重构

20 世纪 80 ~ 90 年代，劳动要素在国民收入，特别是发达国家国民收入中的份额不断被挤压的情况愈加突出，因此生产要素之间的收益分配问题成为当时的热门研究领域。2008 年以来全球性的经济衰退再次推升了关于生产要素真实收入分配问题的研究，因为劳动要素收入被挤

压的情况不仅没有解决或缓解，反而逐步扩大到了发展中国家和转型国家。有学者对中国的研究显示资本在要素收入中的份额为0.5～0.6，相应地劳动收入份额为0.4～0.5（Bai et al.，2010），这说明发展中国家也存在要素收入分配向资本倾斜的倾向。伊济莫夫和瓦哈利（Izymov and Vahaly，2014）对全球79个国家进行了更加全面的研究，包括发达国家、发展中国家和转轨国家，结果显示发展中国家和转轨国家的资本回报率是发达国家的1.4～1.5倍，明确地指出了发展中国家和转轨国家资本和劳动要素收入的差距不断拉大的现实。从这一现象背后的影响来看，贝尔克等（Belke et al.，2012）认为由于低收入劳动者比高收入劳动者和资本家的边际消费倾向高，因此要素收入分配由劳动要素（特别是低收入劳动要素）向资本要素（同时也包括高收入群体）转移将对总需求，进而对经济发展的方方面面产生影响。

是何因素造成了国家内部生产要素之间的收入差距不断拉大？又是何因素造成了生产要素收入差距拉大的国家范围不断扩大？近年来的研究给出了很好的答案——全球价值链分工下资本的深化。巴萨尼尼和曼菲蒂（Bassanini and Manfredi，2012）基于25个OECD国家的20个部门28年的实证分析结果指出，资本深化是国家内部劳动收入份额缩减的主要原因，更进一步地，劳动收入份额的下降可以由全球化水平提升，特别是全球生产链区位的分散化和生产的片段化水平提升解释。巴苏和瓦苏德万（Basu and Vasudevan，2013）认为在2008年经济大衰退之前，美国的利润率是上升的，伊万诺娃（Ivanova，2016）更进一步地对美国资本收益率的趋势进行了分析，并且指出近年来美国本土资本收益率的提升是由于美国跨国公司通过全球生产的重构最优化了资本运作。

三、全球价值链与劳动要素收入重构

经济理论仍然具有以人为本的指导性原则，因而大多数学者更加关注于对劳动要素收入的研究。20世纪90年代以来，收入差距在一些发达国家和发展中国家都存在不断拉大的情况，即使在全球收入差距不断缩小的阶段，国家内部的收入差距问题仍较为显著。收入分配的变化不仅仅是重要的经济现象，更是强大的社会和政治挑战。全球化和对外贸易一直是用来解释收入分配变化的重要视角。当然，造成收入不均等的影响因素有很多，如生产要素回报率的不均等、税收、教育、技术进步的偏向性、就业或福利政策、竞争状况等。但随着全球价值链的不断延伸和拓展，价值链上产品种类和参与国家越来越多，对参与国劳动力市场产生显著的影响，而且全球价值链的兴起几乎与国家间和国家内劳动收入差距变化同时发生。所以，全球价值链逐步成为解释生产要素收入差距的重要领域。

大多数的贸易理论为了简化分析，更加关注于生产侧的因素对于贸易的影响，因而假定消费者具有相同的、类似的偏好，所以总的需求只受商品价格和收入的影响，独立于一国内部的收入分配情况，即在模型中将收入分配作为外生变量而非内生变量处理。这种模型上的偏误造成了一系列的问题，如著名的“消失的贸易”之谜，即发达国家之间贸易的大于以及发达国家和发展中国家之间的贸易小于 HOV 模型的预测、世界贸易额远小于 HOV 模型所预测的贸易额。哈拉克（Hallak，2010）指出国家收入不均等程度较高的国家更加倾向于对高收入弹性商品的消费。这一结论具有较强的理论和现实意义，从理论角度来讲，收入分配状况对贸易具有内生性影响，贸易理论需要对此进行创新；从现实意义来看，则对国家的贸易规模和贸易伙伴的选择具有政策指导性。马肯森（Markusen，2013）推进了当前理论研究的发展，通过放松消费者偏好假设而关注于消费侧对于贸易的影响，使得收入分配问题内生化，同时也构筑了更加贴近现实和令人信服的理论模型。文章对于收入分配差距的研究结论指出，中性的生产率增长能够提高技能劳动力的相对工资，而且高收入与低收入国家间的对外贸易能够减少高收入国家的收入差距，但是拉大低收入国家的收入差距。

除了收入分配变量内生化的理论推进外，相关的理论创新还表现为融入了价值链的一些重要内在特性。全球价值链涉及生产的连续性以及中间产品的连续性，因而任何一个环节的失误都将造成生产效率的下降，而全球价值链由于受不熟练劳动力、契约条件以及基础设施状况的影响，失误在所难免。科斯蒂诺等（Costinot et al.，2013）构建了更加贴合全球价值链属性的模型，既考虑到了中间产品的连续性，也将生产过程中存在失误纳入分析框架，大大推进了理论与现实的融合。按照模型的分析，在达到均衡状态时，在所有生产阶段中失误最少的国家更能占据价值链的最后生产阶段。在这一更加贴切的模型下，研究结论得出：在价值链低端的国家，技术进步将推动国家向价值链的两端移动，但是不管技术进步的偏向如何，收入分配都将受到显著的影响；在价值链高端的国家，技术进步将进一步推动国家向更高阶段发展，但是对国家之间的收入差距的影响不确定。在此基础上，科斯蒂诺等（2012）研究了全球价值链对国家之间工资收入差距的影响，得出了全新的结论：全球价值分工对价值链上低端和高端位置的收入差距影响截然相反，价值链低端参与国的收入差距逐步降低，而价值链高端参与国的收入差距则逐步拉大。这两篇极具影响力的文章都表明，相对于技术进步，全球价值链的参与程度才是显著提高熟练劳动与非熟练劳动之间工资差距的主因。比尔斯坦和沃格尔（2010）从生产要素部门间配置效应和部门内配置效应的角度指出，全球价值链分工下的跨国生产强化了部门间和部门内效应对技能溢价的影响，同时提升了技能劳动要素丰裕和技能劳动要素稀缺国家的技能溢价，但技能劳动要素稀缺国家提升更多。

综合来看，上述研究虽然侧重点不同，但都指出了全球价值链对劳动要素收入差距存在影响的结论。然而，理论争鸣永远不会是一派祥和的景象。洛佩兹-冈萨雷兹等（Lopez－Gonzalez et al.，2015）从全球价值链生产外包的角度分析得出，低技能任务外包能够降低收入不均，而高技能任务外包拉大了低技能和高技能劳动收入的差距。但是相对于高技能劳动来讲，目前的全球价值链是低技能劳动密集型的，因此全球价值链对劳动要素收入分配的影响不大，即使有影响也是对工资收入不均等具有净正效应。

第四节　全球价值链分工下生产要素收入的分解与测算

贸易的深化对国家间和国家内的要素收入分配产生了多重影响。然而，传统的贸易统计方法其所体现的贸易对收入的影响是“所见非所得”。全球价值链分工下贸易增加值统计方法的完善为贸易利益的微观化度量提供了思路，为生产要素收入更加真实的测算提供了方法。

一、贸易增加值与生产要素分解框架

贸易利益的微观化与贸易的要素含量思想不谋而合。早在 1968 年，范艾克（Vanek）就提出了贸易的要素含量这一思想。随着贸易增加值统计方法的完善，很多学者也认为范艾克的思想得到了证实。但实际上相关研究并非经得起推敲，存在贸易的要素含量指标定义与范艾克不符，或是模型的基本假设错误的问题。特雷夫和朱（Trefler and Zhu，2010）进行了两方面的努力推进了贸易的要素含量的研究：一是基于国际技术选择差异和贸易中间品投入定义了范艾克的贸易要素含量；二是在消费相似性前提下对贸易的要素含量模型进行了检验。同时，该研究还将贸易的价值增值流分解为资本和劳动收入，更为准确地计算了全球价值链分工下的资本与劳动要素的真实收入情况。斯特勒（Stehrer，2012）更加全面地对国家之间的增加值流动问题进行了研究，计算了增加值贸易和贸易增加值，结果显示两种方法计算的一国贸易净值都是相同的，但是双边贸易差异较大。在此基础上，文章将增加值分解为劳动要素收入和资本要素收入，并且更进一步地按照国际教育标准分类（ISCED）中受教育程度的划分，将劳动要素收入进一步分解为高技能劳动、中等技能劳动和低技能劳动的收入。这一全球价值链下的生产要素收入分解框架也成为后续相关研究的基础，并逐步形成了更为细致的生产要素收入

分解框架。

二、全球价值链分工下的生产要素收入测算

随着全球价值链分工下增加值问题的理论体系和统计方法逐步完善，研究的焦点逐步集中于借助 WIOD 数据库对价值链的分解进行实证研究。如斯特勒（2012）在其分解框架基础上，利用 WIOD 数据库对欧盟 27 国、美国、日本和中国进行了测算。但就中国的结果来看，中国在高等教育劳动者和中等教育劳动者收入方面是存在赤字的。基于该要素分解框架，加西奥雷克和洛佩兹－冈萨雷兹（Gasiorek and Lopez－Gonzalez，2014）主要关注于中国与欧盟之间的情况，通过对中欧贸易进行要素分解，得出了相似的结论：在与欧盟的双边贸易中，中国在高等教育劳动者和中等教育劳动者收入方面存在赤字，即中国进口增加值部分主要体现为高等和中等教育劳动者收入。文章中另外一个需要关注的结论是，中国和欧盟正在成为世界生产中心，因而这说明广大发展中国家在全球价值链中的参与程度不足。蒂穆尔等（Timmer et al.，2014）借用了克鲁格曼（Krugman，1995）对于全球价值链进行分割的思想，对所有劳动和资本生产要素对最终商品的直接和间接增值进行追踪，并作为生产要素收入进行分析，结果得出价值链分工下的资本和高技能劳动对价值增值的贡献逐步扩大，而低技能劳动的贡献逐步减小。这说明近年来价值链的技术进步是偏向资本和高技能劳动的，因而生产要素收入差距存在逐步拉大的趋势。蒂穆尔同时指出，由于价值链体系中生产要素与最终产品直接或间接相关，因而消费最终商品所支付的价格表现为生产中所使用劳动和资本的收入，并且首次将价值链分工下的要素收入称为“全球价值链收入”，将价值链分工下的就业称为“全球价值链就业”，明确地将全球价值链的价值增值与生产要素收入联系起来。

全球价值链分工下贸易利益的相关研究越来越集中于生产要素这一微观框架，要素收入成为贸易利益的理论焦点和直观表现。将生产要素收入纳入贸易利益的分析框架是全球价值链分工下贸易利益研究的新发

展和新动向。这一研究角度进一步拓展和深化了贸易利益的理论研究体系。而且从现实意义来看，这一研究角度一方面能够促进各国生产要素所有者获得更好的参与国际分工的利益回报；另一方面使得对外贸易政策体系落脚到要素收入提升方面，政策目标更加明确和具体。

就价值链分工下的要素收入来讲，现有的研究大多从资本和劳动两要素的角度对收入占比进行核算，并未对单位劳动收入这一更加直观的收入指标进行测度。基于此，本书力图从理论上构建价值链分工下的要素收入分配模型和单位劳动工资水平测算模型；基于要素差异的角度构建了劳动收入变动的影响因素分解框架，解析出影响收入变动的要素质量因素；量化了世界主要国家和地区的工资水平，直观展现了国家间和国家内要素收入差距的问题。

第二章

分工深化、贸易利益与要素收入：理论基础与作用机制

第一节 国际分工深化与贸易利益实质

价值链分工模式带来了全新的世界经济运行模式，同时也改变了以贸易总额或差额作为贸易利益来源的评价和判断机制，变革了贸易利益的实现和分配机制。生产要素作为参与国际分工的基础单元，价值链分工下贸易利益更为直观地表现为本国生产要素参与国际分工获得的要素收益。从一方面来讲，全球价值链分工下不同价值链环节的要素密集度和创造的价值增值随价值链环节而变化，价值增值与生产要素获得的报酬直接相关。因此贸易利益需要从更加微观的维度进行量化和分离，比如不同要素获得的实际收入统计、不同价值链环节要素的报酬等。从另一方面来看，以生产要素跨境流动为本质特征的全球价值链分工背景下，贸易利益的厘清需要考虑生产要素所有权的国民属性问题。因此，全球价值链分工下贸易利益的实质是贸易中所含本国要素的收益情况，而且从这个角度理解的贸易利益也更加的直观和准确。基于微观要素作为贸易利益衡量的思想，目前越来越多的学者将生产要素收入，特别是劳动要素收入作为贸易利益的替代变量进行研究，为一国实现对外开放

与开放收益的可持续发展和整体国民福利的进一步改善提供了新的理论视角。

国际贸易理论一直以来主要围绕两个问题展开研究：一是产生对外贸易、开展对外贸易的原因是什么；二是贸易带给各国的贸易利益如何。对于第二个问题的解释与回答，包括了贸易利益在各国的整体分配、对一国要素收入分配的影响和对一国生产要素的收入水平的影响。其中对一国生产要素收入水平的影响在各阶段的贸易理论研究中并没有占多大的篇幅，但不管是研究对外贸易产生的原因还是研究贸易给各国带来的贸易利益，最终都绕不过贸易与要素收入的关系。因此，除了要素价格均等化（factor price equalization，FPE）理论外，直接研究贸易与一国生产要素关系的经典理论不多，但在新贸易理论、全球价值链等理论中，我们都能发现贸易怎样影响了一国的生产要素收入水平。本章按照国际贸易理论的发展逻辑对贸易影响要素收入的理论进行综述，通过理论梳理说明要素的差异性，特别是要素质量对劳动要素收入的作用机制，为本书的研究提供较全面的理论依据。

第二节　不同阶段的国际贸易理论与生产要素收入

一、古典贸易理论视角下的生产要素收入

亚当·斯密提出了绝对优势（absolute advantage）的概念，主张自由贸易，通过绝对优势理论解释国际贸易发生的必然性。绝对优势理论首次从生产角度阐述国际贸易发生的原因，认为分工能够提高劳动生产率，同时分工还是以生产成本的绝对优势为原则，因此对提高劳动生产率和现代国际分工均具有重要指导意义。斯密认为绝对优势是两国开展贸易的基础，一个国家生产和出口本国具有绝对优势的产品，进口本国具有绝对劣势的产品，这样能够使参加国际贸易的国家获得相应的贸易

利益。其中劳动生产率的绝对差异是出现绝对优势的基础，也是产生国际贸易的根本原因。分工后生产的劳动要素生产率得到了大大的提高，两国具有的绝对优势资源得到了充分利用，这使两国依靠绝对优势生产的产品产出都会增加，从而增加的产出能够测度两国参与分工及对外贸易所带来的利益，两国均获得了一定的收益。在绝对优势理论中的假设条件中，由于劳动要素是唯一的生产要素，且两国在劳动要素上存在绝对差异，即劳动要素间的劳动生产率存在绝对差异，因此不同劳动生产率的差异导致了两国贸易利益有所差异，也进一步导致了两国的劳动收入的差距。

亚当·斯密的绝对优势理论描述的是不同国家在同一部门劳动生产率的高低。这一理论并不能解决在一国所有部门的生产上都处于绝对劣势的国家与他国是否能够产生贸易的问题。李嘉图模型（Ricardian model）提出的比较优势（comparative advantage）概念就能够更好地解决以上问题。李嘉图模型从生产的角度解释国际贸易产生的原因，并认为产生贸易的决定性因素是两个国家同一部门的机会成本。当一个国家生产某种产品的机会成本低于另一个国家，则认为该国在这种产品的生产上具有相对优势或比较优势。李嘉图模型中，贸易使各国的劳动要素在一国范围内充分流动，从劳动生产率相对较低的部门转向劳动生产率相对较高的部门，进一步形成了分工。对于参与国际贸易会给各个国家带来好处方面，李嘉图模型从两个方面做出了回答：一是从消费可能性扩张方面贸易提升了其福利水平；二是从实际收入（即名义收入所能够买的产品数量）方面贸易提升了其福利水平。从劳动收入角度来看，劳动作为唯一的生产要素在一国的部门内自由流动，劳动要素不会因为贸易导致名义收入的变化，但会因为贸易使劳动实际收入提高。从封闭经济走向自由贸易后，用本国出口产品表示的劳动实际收入保持不变，而用本国进口产品表示的劳动实际收入有所提高，说明自由贸易提高了国家的劳动实际收入水平，提高了人们的福利水平。但李嘉图在分析比较优势产生国际贸易的同时也发现了贸易和技术进步对一国的不同要素所有者收入的影响，即劳动要素的名义收入没有变化，那么国家参与国际贸易获得的利益归于哪些要素所有者了呢？因此李嘉图认为贸易的影响主要体现在劳动要素收入水平没有变动，资本家得到对外贸易的全部利益，进而导致了生产要素之间的收入分配发生了变化。

二、新古典贸易理论视角下的生产要素收入

新古典贸易理论以赫克歇尔－俄林模型（Heckscher－Ohlin model）为开篇理论。该模型也是从生产角度解释国际贸易产生的原因，认为贸易产生的决定因素是各国要素禀赋的差异，并将古典贸易理论关于生产要素的假设进一步放开，在劳动要素投入基础上，引入了资本作为生产要素。即一国总是出口在要素禀赋方面具有比较优势的产品，即在生产过程中密集使用该国充裕性生产要素的产品，从而贸易使得一国出口的该产品价格相对上升，使密集使用稀缺要素的产品相对下降，通过产品价格结构的变动，使贸易对要素收入分配产生了影响。其中，斯托尔珀－萨缪尔森定理（Stolper－Samuelson theorem，S－S）对以上结论进行了进一步延伸并指出，其主要结论为国家贸易会提高一国充裕性要素所有者的实际收入，降低稀缺要素所有者的实际收入。以发展中国家要素收入情况为例，贸易自由化会提高发展中国家相对充裕的低技术劳动要素收入，降低发展中国家相对稀缺的高技术劳动要素收入，从而缩小发展中国家高技术劳动要素收入与低技术劳动要素收入的差距，而对于发达国家则正好相反。这一结果说明了国际贸易虽然能够将一国整体的福利水平进行改善，但并不是对所有人都是有利的。赫克歇尔和俄林的要素禀赋理论更加明确地指出国际贸易会对一国要素收入分配格局产生实质影响。

赫克歇尔－俄林理论在研究对外贸易影响一国要素收入分配问题时，能够进一步得到要素价格均等化的结论，即要素价格均等化定理，该定理主要分析了自由贸易带来的两国生产要素价格的趋同。即假定两个国家的生产技术相同，并且两国都是多元化的生产，那么自由贸易将导致两国的两种生产要素的价格相等，也就是两国的劳动要素收入、资本要素收入均相等。要素价格均等化定理进一步推出了商品贸易的本质，即生

产商品所使用的生产要素的国际贸易，也就是生产要素的贸易通过商品的形式所实现。但由于现实贸易中存在运输成本以及贸易壁垒等问题的存在，各国的商品价格达到一致是很困难的事情。因此，在现实贸易中，要素价格均等一般很难实现。

保罗·萨缪尔森和罗纳德·琼斯提出的特定要素模型也对要素收入的问题进行了分析。该模型将资本假设为国内不流动、不同部门专门使用的生产要素，将劳动假设为部门间自由流动的共同生产要素。在这种情况下，自由贸易对资本要素和劳动要素的收入水平具有不同的影响，如出口部门的资本要素收入水平会相对提高，但对于共同生产要素劳动要素来说，劳动要素的实际收入是取决于消费者的消费偏好，因此劳动要素的实际收入是不确定的。因此，该模型对贸易政策即征收关税的反应也将出现不同的情况。比如假设出口资本密集型商品，进口劳动密集型商品，那生产劳动密集型商品的部门便会支持政府征收保护性关税，以提高本国劳动密集型商品的竞争力，而生产资本密集型商品的部门将会持反对态度，该模型认为贸易保护将减少全社会的福利水平。

三、新贸易理论视角下的生产要素收入

克鲁格曼模型（Krugman model）与传统贸易模型解释产生贸易的原因的观点不同。首先克鲁格曼模型假设市场是存在规模经济，且是不完全竞争；其次是克鲁格曼模型解释的是产业内贸易现象，即一国出口一个行业的产品，同时还会进口该行业的产品。因此，在一国存在规模经济、不完全竞争的行业中，该国一方面会集中资源生产行业中的某几个品牌的产品，通过规模效益递增、降低成本和产品价格；另一方面通过本国生产的产品交换其他国家不同品牌的产品，为消费者提供更多的选择，从而提高消费者的福利水平，增加本国的贸易利益。虽然在模型里没有讨论要素收入的问题，但从产生贸易的原因里能够看出，一国贸易利益的改善始终影响着生产要素收入。克鲁格曼模型中的外部规模经济条件下，国际贸易使产品价格低于各国在国内市场的均衡价格，从要

素收入角度来看，企业通过集中生产降低生产成本，从而降低产品价格，因此贸易利益将更多地体现在企业利润方面。从劳动要素收入角度来看，劳动要素名义收入不变，产品价格下降，对外贸易通过外部规模经济提高了劳动要素的实际收入。

格罗斯曼和赫尔普曼（Grossman and Helpman，1991）提出的新贸易理论打破了要素禀赋决定比较优势的限制，认为贸易模式和技术进步能够加速一国要素禀赋的调整，从而形成新的比较优势进行对外贸易。该理论认为一国参与全球价值链分工的企业要充分发挥规模经济优势，最大限度地通过规模经济优势获得贸易利益。而在产业内分工下，造成各国贸易利益分配的差异主要由产业内分工环节产生的。一方面，以技术研发、产品设计等高技术、资本密集型分工生产环节的贸易利益较高，以低技术、劳动密集型分工环节的贸易利益较低，因此，不同的分工环节影响各国贸易利益的分配，进一步影响一国要素参与产业内分工的收入。另一方面，产业内分工环节存在差异，不同产业生产环节的市场进入壁垒不同，例如研发、设计等生产环节，由于市场进入壁垒存在，且难度较大，因此一国具备该生产环节的企业能够通过壁垒效应获得超额利润，从而对国际贸易利益分配产生影响，进一步影响产业内分工的要素收入。

哈里森（Harrison，2002）认为经济全球化背景下，为了争夺资本各国展开了激烈的竞争，从而弱化了劳动要素地位，使劳动要素收入份额出现下降。古斯切纳（Guscina，2006）认为 OECD 国家与发展中国家展开对外贸易，对 OECD 国家的劳动收入份额具有反向作用，并利用 1960～2000 年的数据证实了这一观点。格罗斯曼和汉斯伯格（Grossman and Hansberg，2006）对劳动要素划分了高、低技能并建立了国际生产外包理论模型，且进一步证实了国际生产外包能够提高生产率、降低生产成本，同时外包的相对价格效应、劳动力的供给效应将会对熟练和非熟练劳动力工资带来不同影响。李瑞琴（2010）在此基础上对要素禀赋、产品内贸易行业的要素密集度进行研究，提出行业的价格效应因素对发展中国家的劳动要素收入具有综合影响，其中包括熟练劳动要素收入与非熟练劳动要素收入。

四、新新贸易理论视角下的生产要素收入

新新贸易理论将企业异质性假设引入上述理论之中，即企业不再是同质化的，而是在生产、技术管理等方面均存在巨大差异，由此决定了企业是否进行出口，以及出口在全球价值链分工中所处的地位以及收益。对于价值链分工地位来说，生产率越高的企业在全球价值链分工中所处的地位越高，处于价值链分工主导地位，能够获得巨大收益。贸易开放出现国内产品市场由于国外出口企业加入竞争，导致国内的产品价格出现下降，从而在企业层面，提高了进入该行业市场门槛生产率，进而导致行业内的要素资源向高生产率的企业集中，加强了规模经济效应。埃格和克里科迈尔（Egger and Kreickemeier，2009）及赫尔普曼和伊茨霍基（Helpman and Itskhoki，2010）认为企业的异质性将会对劳动力市场中的就业和工资的决定产生影响或改变。阿兹玛特（Azmat，2007）通过 OECD 国家面板数据对私有化过程中的劳动收入份额进行了实证观察，在不完全竞争市场和劳动要素具有谈判能力的前提下，证实了私有化导致劳动收入份额下降。

五、全球价值链分工理论视角下的生产要素收入

关于全球价值链分工的贸易利益分配及要素收入问题，国内外学者进行了深入广泛的相关研究。科勒（Kohler，1996）建立一个开放的 H－O模型，利用该模型对全球价值链分工的利益分配效应展开了研究，并指出全球价值链环节转出会使要素收入分配发生变化，即转出国劳动要素报酬将出现下降，资本要素收入出现增长。芬斯特拉和汉森（Feenstra and Hanson，1996）利用美国 1979～1990 年数据对外包工资效应进行了研究，独立出结构变量的情况下证实了高技术投入和外包对非生产性劳动要素的工资存在影响，且影响程度较大。阿尔恩特（Arndt，1997）

修正了传统贸易模型，对发达国家劳动密集型分工环节转移到发展中国家的外包情况进行研究，并指出这种外包增加了发展中国家的就业数量、提高了劳动要素的工资水平，充分发挥了要素禀赋优势。但是没有根据要素禀赋优势进行外包，则会导致发展中国家的工资水平下降。马库森（Markusen，2013）推进了全球价值链下对劳动收入的理论发展，进一步放松了对消费者偏好的假设，从消费角度关注对贸易的影响，将收入分配问题内生化，构建了更加贴近现实的理论模型。马库森指出中性的生产率增长提高了技能劳动要素收入，当高收入国家与低收入国家展开对外贸易，能够缩小高收入国家的收入差距，但会扩大低收入国家的收入差距。考思提诺特等（Costinot et al.，2012）研究全球价值链分工对国家间劳动收入差距影响，得出价值链低端的国家收入差距逐渐缩小，价值链高端的国家收入差距逐渐扩大。考思提诺特等（2013）又进一步考虑到了中间产品的连续性，构建了更加贴合全球价值链属性的模型。该模型说明了在价值链低端的国家，技术进步能够推动该国向价值链的两端移动，在不考虑技术进步的偏向性下，对收入分配均产生显著的影响；对于价值链高端国家，技术进步能够进一步推动该国向价值链更高阶段发展，但是对收入差距的影响是不确定的。比尔斯坦和沃格尔（Burstein and Vogel，2010）从生产要素部门间、部门内的配置效应角度对全球价值链下的技能溢价进行研究。全球价值链分工下的跨国生产提升了技能劳动要素国家的技能溢价，但对技能劳动要素稀缺国家的技能溢价提升更多。

第三节　要素质量与要素收入提升的作用机制

一、要素质量对要素收入提升的内生增长机制

从要素收入的视角对全球价值链分工下的贸易利益进行衡量，要素

质量是其中的关键指标。从劳动要素的角度，劳动要素质量是劳动力的量化，侧重于分析劳动者数量、教育程度、技能、学习能力等形成于劳动要素本身的综合素质。本书对要素质量提升劳动要素收入的内生增长机制进行梳理。

新古典经济增长理论中，以索洛为代表的经济学家们坚信，经济想要实现增长需要依靠外界的因素实现，并在模型中将劳动要素和资本要素的投入作为自变量，将技术进步作为外生变量来解释产出的增加。而内生经济增长理论主要强调以思想为基础，将技术进步、人力资本等因素进行内生化，丰富了经济增长的因素，强调劳动分工，通过全球价值链分工的发展解释经济增长的动态模式，并进一步解释了人均收入增长的差异、比较利益等内容。

阿罗（Arrow，1962）首次提出了投资和生产的思想能够提高知识和生产率，同时提出了“干中学”模型，对技术进步内生性化作了初步尝试。阿罗提出的“干中学”主要是指劳动者通过学习，能够获得知识，同时技术进步是知识的产物，因此技术进步也是学习的结果。阿罗把资本的积累作为度量“干中学”的标准，一旦在生产中投入的资本的生产效率是稳定不变的，则劳动者在对资本的操作中学习到的知识和经验并不会提高其生产效率，生产效率不变则要素收入也将不会改变。

继阿罗后，罗默（Romer）建立了两个内生经济增长模型，两个模型均包括四种投入要素：有形资本、非熟练劳动力、人力资本（熟练劳动力）和技术水平；且认为经济可分为三个部门：研发部门、中间品生产部门和最终品生产部门。各个部门间的关系为研发部门通过知识生产产品，将产品卖给中间品部门进行生产，中间品部门再将产品卖给最终品部门。其中研发部门的利润根据知识的部分排他性，在有期限的知识产权保护期获得收益。两个内生经济增长模型分别为知识溢出的经济增长模型和技术内生的经济增长模型。知识溢出的经济增长模型中，知识作为其中一种投入要素，与其他投入要素相互作用，使经济的增长率随着人力资本的增加而增加，因此资本积累有利于知识水平的提高，知识能够提高投资收益率。为了提高知识投入，就要通过资本积累提高知识水平，因此在生产过程中将注重各要素间的投入比例；同时，良好的循环有助于形成规模经济，从长期上提高经济增长率。一个国家要尽可能地提高该国的人力资本存量来促进经济增长。对于经济落后国家来说，人力资本存量较少，进而参与研究部门的人力资本更少，导致经济落后国家经济增长缓慢，经济将长期处于“低收入陷阱”。对于知识存在的溢出效应，以及研发专利的垄断性特点，罗默认为有必要实现政府干预，通过政府的干预，能够对研究人员、中间品购买者、最终产品生产者提供一定的补贴政策，实施一定期限的知识产权保护。因此，政府的干预将对各部门生产者的收入水平产生影响，最终实现经济增长和社会福利水平提高的目的。技术内生的经济增长模型假定生产中的技术是人们投资形成的，即技术进步是内生的，并且通过创新能够将知识变为商品。理论证实了劳动力数量对经济增长率的正向影响，即劳动力数量越多，能够提高研发能力，进而提高经济增长率，即存在规模效应。罗默对经济发展较弱的国家的建议是一国通过国际贸易，有利于增加知识和技术的生产和积累，进而提高该国的生产率，提升要素收入。

卢卡斯（Lucas）的模型引入了舒尔茨和贝克尔的人力资本概念，且认为人力资本对经济影响主要包括内部效应和外部效应。内部效应对人力资本本身的生产效率产生影响，主要途径是进行脱产的正规学习，即一般性人力资本。外部效应的主要途径是在实际操作中学习、获取经验知识，即专业化人力资本。卢卡斯认为在效应影响程度上，外部效应比内部效应更加重要。因为外部效应可以实现人力资本的传递与延续，是产品生产具备规模效益递增趋势，因此人力资本对劳动要素和生产率都具有重要作用。一方面，因为人力资本水平较高的劳动要素生产效率比较高，学习知识能力较强，接受新知识较快，在工作中能够获得更好的工资收入，随着工资收入的提高，购买教育的能力也不断提高，自身职业技能的能力也逐渐提升，在生产过程中又进一步提高了工资收入。另一方面，在全球价值链分工中，研发部门环节获得的贸易利益较高，低端生产环节的贸易利益较低，从而进一步导致了参与分工的高技能劳动要素收入提升，而低技能劳动要素收入降低。

新增长理论不是一个被广泛学者接受的基本模型，是由多种相似观点形成的模型集合。主要的理论核心是找寻经济增长的动力，即内生技术进步。

二、全球价值链分工下要素质量对劳动收入提升的作用机制

贸易发展应具有人本属性，参与价值链分工的劳动要素获得的收益情况具有更强的现实意义。因此，本书对要素质量、要素收入的分析主要集中于劳动要素。要素质量是生产要素在单位小时所能够创造的增加值。从正向来看，要素质量是劳动要素对自身升级改造的过程，提高要素质量能够提高劳动要素创造增加值的能力，提升所生产产品在激烈的国际市场上的比较优势。而劳动要素质量的提升对于生产率的影响可能有两方面的作用。一方面，劳动要素质量提升，能够提高劳动生产率，提升相关技术，提高知识创新能力，增强其在要素市场上的竞争力，最后就能够获得更高的劳动要素收入；同时，要素质量的提升有利于向价值链高端位置攀升，提高一国参与价值链分工地位，获得更高的分工收益。另一方面，劳动要素质量的提高能够使要素对先进技术学习能力增强，且创新能力提高，在一定程度上节省了正常工作的时间成本。

从负面来看，劳动要素质量提升未必就能够比不提升质量的劳动要素收入更高、发展更好。如劳动要素质量提升后，同种质量的要素过多，就会失去竞争优势，出现闲置要素，从而将要素的提升成本沉没，造成资源浪费。

在经济增长理论框架中，要素质量除了是影响经济增长中的一个重要因素，在促进技术的吸收与扩散中也起到了重要的作用。要素质量可以通过影响技术的吸收速度或技术水平的扩散速度对经济增长产生进一步的影响。例如高素质的劳动力能够增强吸收和应用现有技术的能力，并提升创造新技术的能力，从而促进要素创造增加值能力。即要素质量

对要素收入的影响分为直接与间接效应，一方面，劳动要素质量本身拥有了更高的知识或更高的技术水平，因此劳动要素质量能够提高创造增加值能力、提高劳动要素的收入；资本要素质量的提升能够实现较少的资本投入而获得更多的经济产出。另一方面，劳动要素质量能够通过创新水平的提升，间接地影响一国参与价值链分工地位，增加一国参与价值链分工的贸易收益，从而间接地促进劳动要素收入的提升。

综合以上的分析，本书认为要素质量对要素收入的作用机制主要通过提高劳动力质量创造增加值能力，使得要素质量的正向效应起作用，从而对一国价值链分工地位产生间接的促进效应，加上要素质量对要素收入的直接促进作用，两种效应相结合造就了劳动要素收入的提升。

第三章

全球价值链分工下我国要素质量与贸易利益获取能力的理性评判

随着全球生产经营活动被日益纳入基于全球价值链的分工体系，全球价值链在世界经济中的主导地位日益凸显。全球价值链分工模式下，分工的节点由产品转变为要素，全球分工体系也演变为生产要素的合作体系，地区之间按照不同的要素特点进行整合与集聚。目前，价值链分工所引致的全球范围内的技术、资金、人才、管理等高级生产要素的配置水平达到有史以来的最高程度，发展中国家通过参与全球生产要素的深度整合，特别是推进高级生产要素的向内集聚以培育国际竞争新优势已经成为国际经济合作的重点。改革开放以来，我国经济的不断发展与全球价值链分工下生产要素质量的不断提升相伴而行，凭借巨大的劳动力基础优势以及不断发展起来的一般性生产要素优势，我国要素质量的不断提升已经成为集聚全球优质要素的巨大引力场。随着全球价值链分工的深入发展，要素质量仍将是决定一国国际竞争优势的核心能力。然而，理性思考与评判之下，当前我国要素质量的进一步提升却面临诸多的挑战。在国际经济形势的深刻变化以及我国经济发展的重点转换的背景下，我国的要素质量有了更广和更深的内涵，要素质量亟须从多个方面进行提升。

第一节　全球价值链分工与生产要素质量

一、生产要素流动与集聚——全球价值链发展的基础

世界分工的起始是商品的国际流动，并且实现了从农产品到自然资源，从工业产品到服务产品的跨越。贸易的自由化发展虽然强化了各国之间的经济联系，但经济全球化的深入推进以及全球价值链分工的形成却是以生产要素的跨国流动为标志。全球价值链分工下的生产要素的国际流动性增强，这既打破了以商品贸易为基础的传统分工模式，也改变了以贸易自由化为主题的世界经济。生产要素的国际流动构建了全新的世界经济运行机制，这一方面可将要素流动归结为经济全球化区别于世界经济以前发展阶段的本质（张幼文，2007）；另一方面则表明世界经济增长问题需要从要素流动的角度重新分析。然而，全球价值链分工下的要素流动并非全球生产要素在价值链参与国之间的均衡配置，要素的国际流动带来的恰恰是生产要素在某一些国家或地区的集聚。由于要素流动性存在差异，全球价值链下的要素流动表现为流动性强的生产要素向流动性弱的生产要素集聚，而且要素的趋利性使生产要素更多地集聚到能体现和发挥比较优势的生产环节。

二、生产要素收入——全球价值链分工利益的表现

价值链分工模式带来了全新的世界经济运行模式，同时也改变了以贸易总额或差额作为贸易利益来源的评价和判断机制，变革了贸易利益的实现和分配机制。生产要素作为参与国际分工的基础单元，价值链分工下贸易利益更为直观地表现为本国生产要素参与国际分工获得的要素收益。从一方面来讲，全球价值链分工下不同价值链环节的要素密集度

和创造的价值增值随价值链环节而变化，价值增值与生产要素获得的报酬直接相关。因此贸易利益需要从更加微观的维度进行量化和分离，比如不同要素获得的实际收入统计、不同价值链环节要素的报酬等。从另一方面来看，以生产要素跨境流动为本质特征的全球价值链分工背景下，贸易利益的厘清需要考虑生产要素所有权的国民属性问题。因此，全球价值链分工下贸易利益的实质是贸易中所含本国要素的收益情况，而且从这个角度理解的贸易利益也更加的直观和准确。基于微观要素作为贸易利益衡量的思想，目前越来越多的学者将生产要素收入，特别是劳动要素收入作为贸易利益的替代变量进行研究，为一国实现对外开放与开放收益的可持续发展和整体国民福利的进一步改善提供了新的理论视角。

三、生产要素质量与要素集聚能力——全球价值链分工地位的体现

全球价值链分工推升了生产要素在全球范围内分工和配置的水平，世界经济进入到全球资源深度整合的时代；与此同时，国家竞争优势也迎来了新的内涵。要素流动条件下，一国集聚资本、技术、品牌、专利、标准、人才等高级生产要素的能力成为国家竞争新优势，决定了国家的竞争力。国内要素质量直接体现为要素的集聚能力，要素集聚能力强的国家，市场化程度则相对较高，进而所带来的要素回报率也相对较高。但是对于发展中国家来讲，要素集聚能力却不能一概而论，要素集聚能力的培养和提升的重点也具有阶段性的差异。当前，全球价值链大多由发达国家所构建，发展中国家由于自身要素质量的问题，其嵌入全球价值链的唯一模式是以低端生产要素集聚发达国家高端生产要素以参与全球价值链分工。在这一阶段，发展中国家的生产要素质量所表现出的集聚能力表现为以低端生产要素集聚高端生产要素的能力。但随着经济的发展，全球价值链的低端参与同样会造成传统贸易形态下的低端锁定问题。因此，在经济发展到了一定阶段后，发展中国家要生产要素质

量提升的重点从集聚高端要素转变为本国高端要素的培育，要素质量提升表现为以自身的高端要素外向集聚低端要素的能力。

第二节 全球价值链分工与我国要素质量的发展

20世纪50年代和60年代，跨国公司以自身拥有的生产要素集聚全球的要素，其集聚要素的主要途径是国际贸易；跨国公司凭借自身拥有的高质量生产要素，通过世界贸易网络以获取廉价的自然资源以及进行产成品的销售。70年代后，跨国投资进入大发展阶段，而背后的实质是生产要素的加速流动与集聚。因此，以要素集聚为本质的全球价值链逐步发展和形成；80年代后，跨国投资以两倍于世界贸易和四倍于世界产出的速度高速增长，全球价值链加速拓展和升级。而在此期间，韩国、新加坡等部分新兴经济体正是抓住并利用了跨国投资的要素集聚契机和机制，在其经济发展中以自身的生产要素和要素质量提升集聚了外部高级生产要素而逐步融入世界经济体系并走向工业化发展道路。要素集聚引领新兴经济体融入国际经济体系最直观的表现就是以跨国投资为载体的外国资本流入和机器设备进口，以及跨国公司进驻所带来的先进技术和管理经验。中国虽然没有像一些新兴经济体一样赢得70年代的发展机遇，却因改革开放政策而紧紧抓住了跨国投资飞速发展的阶段，实现了赶超。中国经济实现快速发展和飞跃的核心正是生产要素的向内集聚和生产要素质量的不断升级。

一、错过全球价值链形成阶段的红利（1978～1989年）

如果说20世纪70年代是全球价值链形成的初期，那么我国于1978年实行改革开放政策也是赶上了时机。但是改革开放初期，我国经济发展滞缓，工业水平落后，即便实行了开放政策，却也只能在对外贸易中出口自然资源产品获取微薄的利润。因此，改革开放的头十年，我国并没有成为第一批参与和融入全球价值链的国家。而在此阶段实现经济高速发展的地区，却无一不是通过在全球价值链和全球生产网络体系中筑环建网而实现了一个个的经济发展奇迹。虽然痛失良机，但对外贸易始终是各地区参与全球价值链的先导，我国这一时期的发展搭建了对外贸易的起步和基础，同时也为参与全球价值链提供了必要的制度准备和国内生产要素积累。

二、以劳动要素为核心的生产要素质量的发展（1990～2001年）

20世纪80年代后期，我国迎来了人口红利理论中婴儿潮时期转变为人口红利的时期，劳动力要素存量巨大。而且随着劳动力存量带动增量，增量又不断转化为存量的循环积累，我国形成了庞大的劳动要素优势。基于要素禀赋的现实状况，这一阶段的中国，亟须为工业化和现代化发展进行高端生产要素，特别是资本要素的积累，只有利用廉价劳动力才能参与国际分工进行起步；这一阶段的中国，只有集聚国际高级要素才能获得较大的要素收益，只有高级要素的流入才能使我国丰裕的劳动力要素获得就业，自然资源得以进一步开发，其他闲置的生产要素如土地、设备等能够投入使用；而且，这一阶段的中国，已经完成参与全球价值链的生产要素和制度准备。发达国家拥有大量优质资本、先进技术、高级管理经验以及广泛的国际市场渠道，但这些高级生产要素的增值却不能离开劳动和土地。生产要素的趋利性自然不会错过将我国纳入全球价值链重要一环的战略安排，集中表现为对我国进行的大量投资。90年代后期以来，我国吸引的国际直接投资（FDI）迅猛发展。1990年，我国外资流入额为34.87亿美元，占世界外资流量的1.70%、占发展中国家的10.08%、占亚洲发展中国家的15.22%。而1996年，亚洲金融危机爆发之前，这三个比重已经飞升为10.73%、28.37%和42.87%，当年的外资流入额达到417.26亿美元，其间的外资流入年均增速达到39.59%。虽然其后受金融危机影响，外资流入增速有所减缓，但我国集聚全球生产要素的势头并未减，集聚全球生产要素的能力也在不断提升。

在高端要素集聚的影响下，我国整体的生产要素质量显著提升。这主要是由于国际直接投资承载的并非资本这一单一要素，随着资本要素的流入，技术、设备、品牌、管理方法、营销网络等多种高级要素也集聚中国，这些高级要素的集合体与我国劳动要素相结合，形成了巨大的生产能力、提升了我国自身的要素质量，同时也带动了我国加工贸易的大发展。这背后的深刻经济原因归根结底是我国以劳动要素参与全球价值链分工的结果。1990 年，我国出口商品中劳动密集型的产品占工业制成品的比重为 20.2%，加工贸易出口占出口总额的比重为 40.94%，2001 年我国入世之前，这两个比重分别为 45.2% 和 55.4%。我国以劳动要素为核心的生产要素能力可谓发挥得淋漓尽致。

三、以全要素为核心的生产要素质量的提升（2002 年至今）

2001 年加入世界贸易组织后，我国以劳动要素和加工贸易形式参与全球价值链分工得到更加充分的发挥。在加工贸易的推动下，2004 年我国外贸总额突破万亿美元大关，达到 1.15 万亿美元，在世界贸易中的排名升至第三位，成为名副其实的贸易大国。发生变化的不仅仅是我国的贸易规模和贸易地位，经过 40 多年的改革开放和 20 多年的国际直接投资快速流入，我国要素质量的发展已经由单一的人力资本发展，即劳动要素质量提升，发展为了全要素质量的提升。除了单纯的劳动要素外，我国的资本、技术、土地、能源以及在吸引外资和集聚要素方面愈发重要的制度要素都在不断提升。第一，外资流入大大缓解了我国的资金短缺情况，我国的资本不断充裕，资本存量与劳动存量之比逐年上升。我国资本稀缺的状况得到根本的改变。第二，外资流入带来了积极的技术外溢，而且随着我国资本存量的不断增加，技术引进的规模同步扩大。虽然我国技术发展的根本性问题仍需解决，但一般技术的短缺状况得到改观。第三，外资流入带来了我国能源消费数量的上涨，而且我国能源价格与能源的稀缺程度存在偏差，能源价格一直保持在低价水平，助推了我国集聚要素的能力。第四，外资流入所带来的巨大经济拉动效应促使我国相继出台各类优惠政策以进一步吸引外资，土地的优惠政策是其中重要的一项。土地成本优势也加大了我国集聚要素的基础优势，加筑了要素质量提升的动能。第五，外资流入推进了我国的体制改革和对外开放的持续发展，我国逐步优化了要素集聚的市场和体制条件，消除了要素流入的政策障碍，进一步构建了集聚全球要素的引力场。在我国要素质量所表现出的诸多核心属性不断提升的过程中，外资无一不在其中扮演着重要的角色，凸显外资在集聚全球要素中的重要功能。联合国贸易和发展会议（UNCTAD，2013）指出中国正是通过积极有效地吸收外资成功地嵌入价值链中技术含量相对较高的环节，进而成为世界工厂和全球制造第一大国。

在全要素优势的推动下，我国要素质量和集聚能力进一步增强。自身能力的提升又恰逢积极的全球价值链发展背景。20 世纪 90 年代末期以来，全球价值链分工逐步由生产全球化向服务全球化这一最高阶段发展，跨国公司所搭建的价值链也进一步向全球延伸，其在全球范围内优化配置资源和集聚优势要素的程度不断提升。多方因素的共同作用下，我国要素集聚能力空前爆发，与此同时也获得了嵌入全球价值链的巨大开放红利和对外经济发展的一个个突破。2003 年，我国吸引外资金额达到 535.05 亿美元，首次超过美国（531.46 亿美元），成为世界吸引外资世界第一大国。2009 年，我国贸易总额达到 22072.7 亿美元，超过德国成为世界第二大贸易国。2013 年，中国贸易总额首次突破 4 万亿美元，达到 4.16 万亿美元，超过美国成为世界第一大贸易国。2014 年，我国外资流入规模达 1196 亿美元，再次超过美国成为全球第一（李丹，2016）。此后，我国全要素优势充分展现，随着价值链分工的深入发展集聚了全球范围内的优质资本、技术、中间品。整体来讲，这一阶段集聚的高端要素需要与国内质量相匹配的生产要素进行合作，要素集聚更多是在自身要素质量提升下完成的。

2019 年，我国货物贸易进出口总值 31.54 万亿元人民币，比 2018

年增长 3.4%。其中，出口 17.23 万亿元，增长 5%；进口 14.31 万亿元，增长 1.6%；贸易顺差 2.92 万亿元，扩大 25.4%。[①] 在全球经济外部环境严峻复杂的情况下，中国的全要素优势相互配合，构筑了中国经济韧性的基础。

第三节　全球价值链分工、生产要素集聚与我国要素质量的理性评判

改革开放以来，我国紧紧抓住全球价值链分工的契机，利用自身的相对低级和低流动性的要素吸引了大量高级的高流动性要素。全球价值链分工的不断深入更是使得全球生产要素在我国大量集聚，这当然源于我国比其他发展中国家质量更高的生产要素和更为强大的要素集聚能力，集聚的要素虽非我国所有，但却为我国所用，并且从根本上扭转了我国的要素结构和要素格局。通过高端要素的集聚，我国自身要素的质量得到了一定程度的提升，与集聚的国际要素的合作也铸就了我国一项项的经济成就——全球当之无愧的经济大国、举世瞩目的贸易大国、地位不断凸显的全球跨国投资大国、异军突起的全球制造大国和金融大国。但这光鲜靓丽的成绩背后是否表明我国可以持续依靠当下的要素质量和要素集聚能力继续前行?

一、要素质量、集聚能力与大国地位的再评判

全球要素在我国的集聚使我国逐步成了世界工业品的主要生产和出口国，众多产品的产量和出口额居世界前列。2010 年，我国制造业增加值达到 19249.6 亿美元，占世界制造业的 18.6%，超过美国成为全球

① 《海关总署：2019 年我国货物贸易进出口总值 31.54 万亿元》，中国经济网，2020 年 01 月 14 日，http：//www.ce.cn/xwzx/gnsz/gdxw/202001/14/t20200114_34118969.shtml.

制造业第一大国，同时也终结了美国连续114年作为制造业世界第一的历史。2013年，中国制造业增加值在世界占比达到23.2%，制造业出口占世界的比重达到18.4%，220多种制造业产品产量居世界首位，是名副其实的制造业大国。在对外贸易方面，2013年后我国一直稳居世界第一大贸易国的位置，2015年的出口更是占到了世界出口的13.4%。然而，全球价值链分工下生产要素的集聚必然造成生产和出口在少数国家的集中，我国大国地位的取得是国际要素流动使中国逐步成为世界加工厂的结果（李丹，2016）。然而，成也萧何败也萧何！一味依托于集聚全球生产要素，但却没有国民属性的生产要素质量的同步提升成为我国进一步发展的最大障碍。首先，从国际方面来讲，我国强劲的要素集聚能力助推了我国经济大国和贸易大国的地位，但一般要素而非高端要素的发展无法进一步推动经济强国和贸易强国地位的确立。苦苦徘徊于当下以一般要素集聚国际高级要素的模式只能是再一次错失全球价值链的机遇。而且，全球价值链分工所引起的全球经济失衡已经引起各国重视，必将采取各种措施加以治理，仅靠吸引高质量要素而没有自身要素质量的进一步升级的发展模式难以为继。其次，从国内区域发展来讲，国际要素在我国的集聚存在巨大的区域不平衡性，主要集中在珠三角和长三角等要素集聚区，造成国内生产要素质量提升同样存在区域性。要素集聚能力以及要素质量的提升在促进沿海发展的同时，日渐拉大的区域不平衡已经成为制约我国经济进一步发展的重要问题。

二、要素质量、集聚能力与要素收益的再评判

以要素为基础的全球价值链分工体系决定了以要素为基础的国际利益分配格局。随着全球价值链问题研究的深入，对于价值链环节的价值增值越来越多地以生产要素获得的收益进行衡量。而且，价值增值的思想也推动了贸易统计体系的变革，以价值增值为核心的增加值贸易统计逐步成为主流。越来越多的研究表明，发达国家跨国公司的资本、技

术、国际销售网络等要素在价值链分工中获得价值增值的大部分，而我国在集聚全球要素过程中，虽投入了大量的劳动、土地、能源、环境资源等，但这些资源的大量投入却没能获得同样的价值增量，单位要素获得收益较低，甚至微乎其微。由于要素的国际流动并没有改变要素的所有权属性和要素的国民属性，贸易产品所体现出的整体增加值是各种要素集合作用的结果。对于我国来讲，除了参与价值链分工的一般要素增值之外，我国的出口更多的是包含发达国家高级生产要素的增值。要素质量严重制约了要素收益。库普曼等（Koopman et al.，2012）对中国的贸易数据进行检验后发现，中国出口贸易所含的增加值远低于出口总额。除了较低的要素收益外，为了吸引外资我国所制定的优惠引资政策还造成了大量税收收益的损失，外资优惠政策已经到了无利可图的地步。因此，我国强大的要素集聚能力背后是要素质量发展的不相匹配和要素收益的巨大损失。联合国贸易和发展会议（UNCTAD，2013）指出，如果一国从全球价值链分工中只能获取少量的价值增值，那么全球价值链对其的经济发展贡献也相对有限。

三、要素质量、集聚能力与经济发展的再评判

日渐增强的要素集聚能力无疑已经成为我国参与国际竞争的核心能力。然而，我国国内生产要素质量的非同步提升影响了进一步集聚要素的能力。特别是目前跨国资本流动的模式发生变化，我国经济发展的重点也发生转换，这些都影响了全球要素在我国的集聚，同时也促使我们对要素集聚问题进行更理性的思考。首先，跨国资本流动模式变化引发要素集聚质量的变化。随着价值链在全球布局的日渐完善，跨国公司集聚全球要素的手段由最初的以对全球价值链进行布局为目的绿地投资逐步转向推进全球价值链的拓展和升级的跨国并购。2010～2016 年，外资的加速流入引发了我国钢铁行业、机械制造业、银行业、金融业、零售业等多个行业掀起了并购浪潮。2015 年，以并购方式在我国设立的外商投资企业达到 1466 家，并购在外资流入所占的比重由 2014 年的

6.3%上升为2015年的14.1%。[①] 2017年后，受到全球范围内贸易保护的兴起，并购的发展速度有所减缓。虽然跨国并购在一定程度上促进了并购企业的改革，减少了亏损，但如此的并购浪潮导致新增的优质要素流入相对有限。而且，跨国并购是对我国市场的控制和垄断，是对我国优质民族企业和消费者认可程度较高的产品的获取。其次，我国经济发展重点的转化引发要素集聚质量的更高要求。我国的经济发展实践充分证明了双缺口理论的正确性，吸收外资对弥补我国发展中的外汇与资本缺口起到了重要的作用。但是，经过多年的改革开放以及外资大量流入，双缺口已经不是我国经济发展的主要瓶颈。因此，外资对我国目前的经济发展仍具有重要的意义，但更多地体现为对产业发展的拉动。然而，以吸收外资所进行的相对被动的要素集聚使我国没有注重自身要素质量的提升，生产要素始终处于一般性要素培育和发展的状态，造成我国一直处于对全球价值链的参与和适应状态，徘徊于全球价值链的低端，挣脱于低端锁定的困境。因此，在经济发展重点转换的背景下，我国集聚的要素质量已经不能满足推动经济进一步发展以及产业结构优化升级的要求。

四、要素质量、集聚能力与集聚潜力的再评判

外资流入所带来的要素集聚是我国改革开放以来获取经济发展所必需的稀缺要素的重要途径。凭借不断增强的要素集聚能力，我国在改革开放以来，特别是20世纪90年代后成为全球优质要素最主要的集聚地。然而，目前我国以吸引外资为手段的要素集聚能力却受到了极大的冲击与挑战，进一步集聚全球要素的潜力不足。首先，欧美国家再工业化战略回流了全球优质要素。随着2008年金融危机所引发的全球经济再平衡思考，欧美国家纷纷提出再工业化战略以拉动就业增长，推动经

---

① 《我国吸收外资规模稳步增长　去年使用外资增6.4%》，中国财经网，2016年01月15日，http://finance.china.com.cn/news/gnjj/20160115/3545946.shtml.

济重回轨道，以及应对发展中国家低端制造业竞争。相应地，跨国公司也开启了全球产业链重构步伐以配合发达国家的高端制造业回归战略。再工业化战略最直接的影响就是高级稀缺要素从全球市场向发达国家的回归，最直接的挑战就是我国一直以来奉行的要素集聚发展模式。其次，我国吸引的外资和集聚的要素受到其他发展中国家的分流。实施更加开放的外资政策是全球价值链发展的基本特征。20 世纪 90 年代以来，各国法规变化中绝大多数是向着有利于 FDI 流入的。一般来讲，实行开放政策初期的国家有着一个共同的特点，即为促进经济发展往往易于采取不顾一切的发展战略，特别是在环境规制、劳工标准等方面。因此，随着广大发展中国家，特别是东南亚国家外资政策的开放，以及我国自身要素成本优势的变化，我国的低成本生产基地的地位逐步被取代，我国吸引高端稀缺要素的要素集聚模式受到了更低要素成本国家的挑战和外资流入的分流。最后，我国在集聚高质量要素的同时没能同步提升国内生产要素质量。依靠全球要素的集聚，我国劳动、资本、土地、技术等要素发挥了重要的作用，但要素质量却始终处于一般性要素的状态，以高端人力资本、高质量金融资本、高端技术为代表的要素质量发展始终比较迟缓。这不仅造成了我国在无法进一步集聚国际要素的情况下，经济发展速度受挫，而且引发了国内经济增长动力不足的问题。

第四章

全球价值链分工下我国劳动要素的发展

全球价值链分工视角下，基于微观生产要素的视角对参与分工获得的收益情况进行分析已经成为国内外学者的共识。经济增长、贸易贸易都具有较强的人本属性，即应以人的发展作为经济发展、社会进步的根本性评判标准。这也是诺贝尔经济学奖获得者阿马蒂亚·森（Amartya Kumar Sen）经济思想的精髓。虽然参与全球价值链分工的生产要素众多，包括资本、能源、土地、技术、劳动等，但一方面从贸易的人本属性出发，全球价值链分工领域中对劳动要素的研究居多，如就业、收入等问题；另一方面从增加值统计的角度，生产要素只包括劳动和资本。基于此，本书后续章节对生产要素的分析主要集中于劳动要素。

第一节　我国劳动要素的整体发展

一、我国劳动要素的细分行业结构

（一）我国劳动要素就业及产业结构

从我国劳动要素整体数量来看，根据表 4 – 1 可见，我国劳动要素呈现出逐年递增的趋势。1978 年我国劳动要素数量为 4.02 亿人，经过 20 年的发展，我国劳动要素增长了 3 亿多人，到 1998 年我国劳动要素数量为 7.06 亿人。1998 年后，我国劳动要素数量增长趋势较平稳，年增长率比较稳定，说明中国劳动要素数量逐渐增长，且处于相对稳定状态。

表 4－1　　我国 1978～2017 年劳动要素数量变化情况　　单位：亿人

年份	就业	年份	就业	年份	就业	年份	就业
1978	4.02	1988	5.43	1998	7.06	2008	7.56
1979	4.10	1989	5.53	1999	7.14	2009	7.58
1980	4.24	1990	6.47	2000	7.21	2010	7.61
1981	4.37	1991	6.55	2001	7.28	2011	7.64
1982	4.53	1992	6.62	2002	7.33	2012	7.67
1983	4.64	1993	6.68	2003	7.37	2013	7.70
1984	4.82	1994	6.75	2004	7.43	2014	7.73
1985	4.99	1995	6.81	2005	7.46	2015	7.75
1986	5.13	1996	6.90	2006	7.50	2016	7.76
1987	5.28	1997	6.98	2007	7.53	2017	7.76

注：2012 年就业数据为推算数，1990 年就业数据为五普数据，由于统计口径不同，导致 1995 年数据失真。

资料来源：根据《中国统计年鉴》（2018）和《中国劳动统计年鉴》（2016）数据整理。

根据图 4－1（根据表 4－1 绘制）可见，我国劳动要素数量增长率可分为三个阶段：第一阶段是 1978～1988 年，处于高水平波动增长阶段；第二阶段是 1989～1995 年，属于大幅度下降阶段；第三阶段是 1995～2017 年，我国劳动要素数量处于缓慢平稳下降阶段。

在我国劳动要素产业结构数量方面，由表 4－2 可以看出我国劳动要素数量在三次产业的分布情况。从事第一产业生产的劳动要素数量从 1978 年的 2.83 亿人到 1991 年的 3.91 亿人，再到 2017 年的 2.09 亿人，呈现出先增长后下降的趋势；从事第二产业的劳动要素数量从 1978 年的

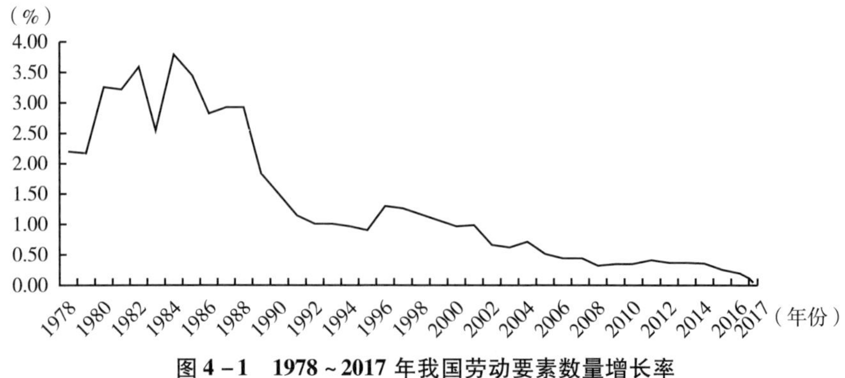

图 4-1 1978~2017 年我国劳动要素数量增长率

注：1990 年数据为五普数据，导致年增长率失真，故进行了调整。

资料来源：根据《中国统计年鉴》（2018）和《中国劳动统计年鉴》（2016）数据整理。

0.69 亿人增长到 2017 年的 2.09 亿人，总体为稳步增长状态；从事第三产业的劳动要素数量从 1978 年的 0.49 亿人增长到 2017 年的 3.49 亿人，增长幅度大于第二产业劳动要素数量的增长幅度。从劳动要素数量来看，从事第一产业的劳动要素逐渐减少，第二、第三产业的劳动要素逐渐增加。图 4-2 表示了 1978~2017 年我国第一、第二和第三产业劳动要素数量在总劳动要素数量中所占份额，直观地展示了我国劳动要素在三个产业间的变动情况。1978~2017 年，我国第一产业劳动要素比重持续下降，由 1978 年的 70.5% 下降到 2017 年的 27%，下降了 43.5 个百分点，说明 1978 年以来第一产业在我国就业结构中的地位不断下降；第二产业劳动要素比重呈缓慢上升趋势，所占份额从 1978 年的 17.3% 上升到 2017 年的 28.1%，总体上涨了 10.8 个百分点，说明 1978 年以来第二产业在我国就业结构中的地位有所上升，但变化幅度不大；第三产业劳动要素比重呈持续上升趋势，所占份额从 1978 年的 12.2% 上升至 2017 年的 44.9%，上升了 32.7 个百分点，说明 1978 年以来第三产业在我国就业结构中的地位在不断提升。在三个产业劳动要素份额变动过程中有三个重要的转折点：第一个转折点出现在 1994 年，我国第三产业劳动要素份额超过第二产业劳动要素份额，打破了我国之前“第一产业、第二产业、第三产业”的就业结构，进而转变为“第一产业、第三产业、第二产业”的就业结构。第二个转折点出现在 2011 年，我国第三产业劳动要素份额超过了第一产业劳动要素份额，又一次改变了将我国的就业结构由“第一产业、第三产业、第二产业”转变为“第三产业、第一产业、第二产业”。第三个转折点为 2014 年，我国第二产业劳动要素份额超过了第一产业劳动要素份额，彻底将我国就业结构转变成了“第三产业、第二产业、第一产业”，可见我国劳动要素三次产业结构从最初典型的欠发达“一二三”发展到“二三一”，最终实现了由“二三一”到“三二一”的历史性跨越，就业结构的变化也进一步说明了我国产业结构逐渐优化。

表 4-2　　1978~2017 年我国三次产业劳动要素数量　　单位：亿人

年份	第一产业	第二产业	第三产业	年份	第一产业	第二产业	第三产业
1978	2.83	0.69	0.49	1995	3.55	1.57	1.69
1979	2.86	0.72	0.52	1996	3.48	1.62	1.79
1980	2.91	0.77	0.55	1997	3.48	1.65	1.84
1981	2.98	0.80	0.59	1998	3.52	1.66	1.89
1982	3.09	0.83	0.61	1999	3.58	1.64	1.92
1983	3.12	0.87	0.66	2000	3.60	1.62	1.98
1984	3.09	0.96	0.77	2001	3.64	1.62	2.02
1985	3.11	1.04	0.84	2002	3.66	1.57	2.10
1986	3.13	1.12	0.88	2003	3.62	1.59	2.16
1987	3.17	1.17	0.94	2004	3.48	1.67	2.27
1988	3.22	1.22	0.99	2005	3.34	1.78	2.34
1989	3.32	1.20	1.01	2006	3.19	1.89	2.41
1990	3.89	1.39	1.20	2007	3.07	2.02	2.44
1991	3.91	1.40	1.24	2008	2.99	2.06	2.51
1992	3.87	1.44	1.31	2009	2.89	2.11	2.59
1993	3.77	1.50	1.42	2010	2.79	2.18	2.63
1994	3.66	1.53	1.55	2011	2.66	2.25	2.73

续表

年份	第一产业	第二产业	第三产业	年份	第一产业	第二产业	第三产业
2012	2. 58	2. 32	2. 77	2015	2. 19	2. 27	3. 28
2013	2. 42	2. 32	2. 96	2016	2. 15	2. 24	3. 38
2014	2. 28	2. 31	3. 14	2017	2. 09	2. 18	3. 49

资料来源：根据《中国统计年鉴》（2018）数据整理。

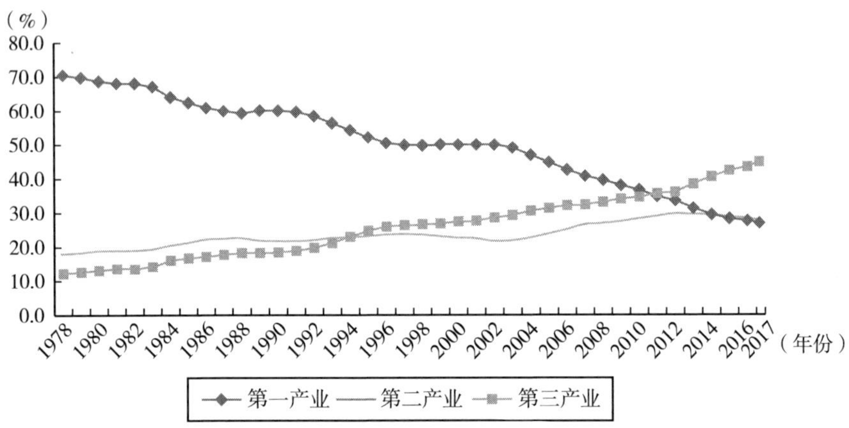

图 4－2　1978～2017 年我国劳动要素三次产业构成

资料来源：根据《中国统计年鉴》（2018）数据整理。

（二）我国劳动要素行业结构

参照拉赫曼（Rahman）等的做法，根据要素密集度和行业特质进行分类，对 WIOTs2013 年的 35 个行业和 2016 年的 56 个行业进行重新匹配，最终划分为初级和自然资源，劳动密集型制造业，资本密集型制造业，知识密集型制造业，劳动密集型服务业，资本密集型服务业，知识密集型服务业，健康、教育、公共服务业共八大类（具体分类详情参见表 5－1）。

从表 4－3 可以看出，我国劳动要素就业数量最高的行业为初级产品，其次为劳动密集型服务业和健康、教育、公共服务业，最后依次为资本密集型制造业、知识密集型制造业、劳动密集型制造业、资本密集型服务业和知识密集型服务业。其中我国劳动要素在初级产品的就业数量在逐渐减少，由1995年的3.68亿人下降到2014年的2.24亿人，减少了1.44亿人。我国劳动要素在其他七个行业的就业数量都在逐渐增多，且每年能够保持稳定的增长。

表4-3　我国分行业劳动要素就业数量　单位：亿人

年份	初级产品	劳动密集型制造业	资本密集型制造业	知识密集型制造业	劳动密集型服务业	资本密集型服务业	知识密集型服务业	健康、教育、公共服务业
1995	3.68	0.31	0.45	0.29	0.87	0.24	0.07	0.90
1996	3.61	0.32	0.47	0.29	0.93	0.25	0.07	0.95
1997	3.61	0.31	0.49	0.30	0.98	0.25	0.07	0.98
1998	3.63	0.36	0.49	0.25	1.00	0.25	0.07	1.02
1999	3.67	0.35	0.46	0.26	1.02	0.26	0.07	1.04
2000	3.69	0.35	0.44	0.26	1.04	0.26	0.07	1.10
2001	3.74	0.34	0.45	0.26	1.05	0.26	0.07	1.14
2002	3.77	0.32	0.42	0.26	1.07	0.27	0.07	1.20
2003	3.74	0.34	0.41	0.28	1.09	0.28	0.07	1.23
2004	3.62	0.39	0.45	0.30	1.11	0.30	0.07	1.29
2005	3.49	0.41	0.51	0.32	1.13	0.31	0.08	1.33
2006	3.35	0.43	0.54	0.35	1.19	0.32	0.08	1.38
2007	3.24	0.46	0.57	0.39	1.24	0.33	0.08	1.39
2008	3.16	0.46	0.57	0.41	1.28	0.34	0.08	1.44
2009	3.07	0.47	0.59	0.42	1.32	0.35	0.09	1.49
2010	2.63	0.47	0.51	0.50	1.50	0.40	0.27	1.56
2011	2.55	0.53	0.60	0.59	1.74	0.44	0.29	1.66
2012	2.47	0.55	0.63	0.60	1.83	0.45	0.31	1.71
2013	2.34	0.51	0.63	0.61	1.88	0.46	0.33	1.81
2014	2.24	0.48	0.61	0.60	1.91	0.47	0.35	1.94

资料来源：根据WIOD数据库2013年、2016年发布的社会经济核算账户数据整理。

根据图 4 –3 可知，1995 ~2014 年，我国初级产品劳动要素就业份额在不断减少，由 1995 年的 54.1% 下降到 2014 年的 26.1%，减少了 28 个百分点，说明中国在初级产品中的劳动要素投入在逐渐减少，我国经济发展对初级产品行业的依赖减弱；我国劳动密集型服务业和健康、教育、公共服务业的劳动要素就业份额在不断增长，分别从 1995 年的 12.8% 和 13.3% 增长到了 2014 年的 22.2% 和 22.6%，分别增长了 9.4 个和 9.3 个百分点，说明我国在以上两个行业的劳动要素投入在增加。劳动密集型制造业、资本密集型制造业、知识密集型制造业、资本密集型服务业和知识密集型服务业 1995 ~2014 年整体劳动要素份额走向比较平稳，所占比例变化不大，说明我国以上行业的劳动要素投入比较稳定，但也在小幅度的增长。

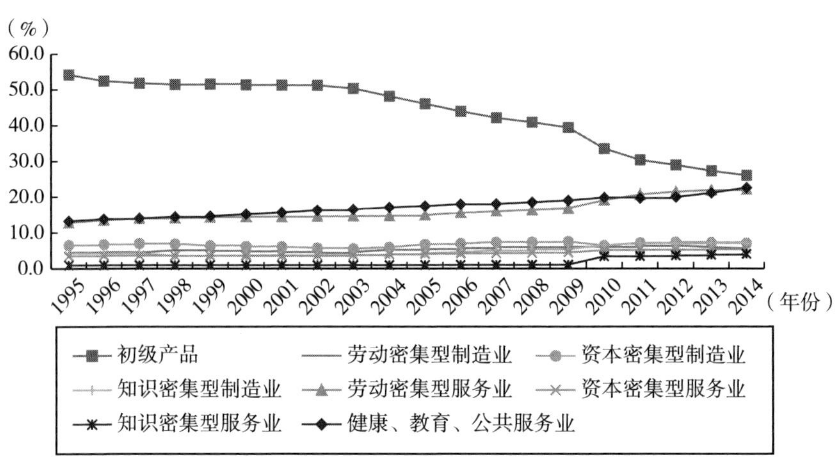

图 4 –3 我国分行业劳动要素占总劳动要素份额

资料来源：根据 WIOD 数据库 2013 年、2016 年发布的社会经济核算账户数据计算整理。

二、我国劳动要素技能水平的发展

（一）我国劳动要素技能整体水平

为更好地了解我国不同技能劳动要素发展水平，本书使用 WIOD 数据库社会经济核算账户（socio - economic accounts，SEA）中的雇用人数（number of persons engaged，EMP）、雇用人员总工作时间（total hours worked by persons engaged，H_EMP）和从事高、中、低技能人工工作的时间占总小时数的比例（H_HS/H_MS/H_LS，Hours worked by high-skilled/medium-skilled/low-skilled persons engaged share in total hours）三个指标计算我国劳动要素高、中、低技能劳动要素数量。其中 WIOD 数据库社会经济核算账户对高、中、低技能劳动要素进行如下分类：高技能劳动要素为接受高等教育第一、第二阶段的劳动要素；中技能劳动要素为接受高中教育和大专教育（不同于高等教育）的劳动要素；低技能劳动要素为接受小学教育或接受基础教育第一阶段和初中教育还有接受基础教育第二阶段的劳动要素。由于以上三个数据指标都只公布到了 2009 年，因此，本书采用的是 WIOD 数据库 2013 年发布的数据计算，计算时间为 1995 ~2009 年。

根据表 4 -4 可知，中国低技能劳动要素最丰富，中技能劳动要素次之，高技能劳动要素比较稀缺。从就业人数总量来看，中国高技能劳动要素数量在逐渐增多，由 1995 年的 0. 16 亿人提高到 2009 年的 0. 50 亿人，增加了 0. 34 亿人；中技能劳动要素数量也在逐渐增加，从 1995 年的 1. 72 亿人增长到 2009 年的 2. 45 亿人，增加了 0. 73 亿人；低技能劳动要素数量出现下降趋势，从 1995 年的 4. 93 亿人下降到 2009 年的 4. 85 亿人，降低了 0. 08 亿人。在高、中、低技能劳动要素数量整体变化方面，中技能劳动要素数量增长量最大，且增长速度较快；高技能劳动要素增长量次之，但增长速度比较缓慢；低技能劳动要素数量在 1995 ~2009 年处于小幅度波动状态，年平均劳动要素数量在 4. 9 亿人左右。

表 4 -4　　我国高、中、低技能劳动要素就业人数　　单位：亿人

年份	高技能劳动要素	中等技能劳动要素	低技能劳动要素	年份	高技能劳动要素	中等技能劳动要素	低技能劳动要素
1995	0. 16	1. 72	4. 93	1997	0. 19	1. 90	4. 89
1996	0. 17	1. 83	4. 89	1998	0. 20	1. 95	4. 91

续表

年份	高技能劳动要素	中等技能劳动要素	低技能劳动要素	年份	高技能劳动要素	中等技能劳动要素	低技能劳动要素
1999	0.21	2.00	4.92	2005	0.40	2.25	4.93
2000	0.23	2.06	4.92	2006	0.46	2.29	4.89
2001	0.25	2.12	4.93	2007	0.45	2.34	4.91
2002	0.27	2.18	4.92	2008	0.49	2.38	4.88
2003	0.31	2.19	4.95	2009	0.50	2.45	4.85
2004	0.34	2.22	4.97				

资料来源：根据 WIOD 数据库 2013 年发布的社会经济核算账户数据计算整理。

由图 4－4（根据表 4－4 计算整理所得）可见，中国高技能劳动要素占总劳动要素比重呈逐年上涨趋势，但所占份额依旧较少，1995 年高技能劳动要素份额只有 2.3%，到 2009 年高技能劳动要素份额达到 6.46%，增长了 4.16 个百分比，说明中国高技能劳动要素依旧比较稀缺，且高技能劳动要素数量增长较慢。中技能劳动要素占总劳动要素比重也在逐年增加，且增长幅度高于高技能劳动要素份额，1995 年中国中技能劳动要素收入份额为 25.26%，2009 年份额达到 31.41%，增长了 6.15 个百分比，说明中国中技能劳动要素在 1995～2009 年增长较快，改善了我国一直以低技能劳动要素为主的生产结构。中国低技能劳动要素占总劳动要素比重逐年减少，1995 年低技能劳动要素份额达到了 72.44%，随着高技能劳动要素和中技能劳动要素的增长，低技能劳动要素在 1995～2009 年逐渐减少，到 2009 年低技能劳动要素下降到了 62.13%，下降了 10.31 个百分比。整体来看，1995～2009 年中国劳动要素技能水平在整体提升，劳动要素技能结构在不断优化，但由于生产结构、经济发展水平、教育水平等原因导致中国劳动技能水平提升速度较慢。

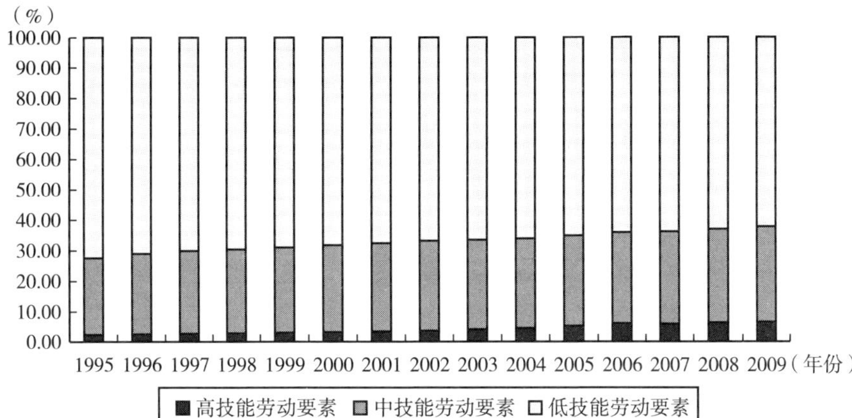

图4-4　我国高、中、低技能劳动要素占总劳动要素比重

资料来源：根据 WIOD 数据库2013年发布的社会经济核算账户数据计算整理。

（二）我国劳动要素技能分行业发展水平

为了进一步考察我国劳动要素不同技能各行业的就业发展水平，对我国高、中、低技能劳动要素就业人数按照前面提到的八大行业进行分类（具体分类详情参见表5-1）。根据表4-5可见，八大行业高技能劳动要素就业人数在1995~2009年出现普遍上涨趋势，说明中国高技能劳动要素整体数量有所提高。其中健康、教育、公共服务业的就业人数最高，且增长幅度较大，从1995年的0.92亿人增长到2009年的2.83亿人，该行业就业人数增加了1.91亿人，比1995年就业人数增长了2倍；劳动密集型服务业高技能劳动要素就业人数次之，从1995年的0.23亿人到2009年的0.92亿人，增长了0.69亿人，比1995年增长了近3倍；资本密集型服务业、知识密集型制造业、知识密集型服务业和资本密集型制造业的高技能劳动要素就业人数虽有差距，但差距不大。初级产品和劳动密集型制造业高技能劳动要素就业人数最低，在1995年分别只有0.03亿人和0.02亿人，直到2009年两行业的就业人数分别也只有0.04亿人和0.07亿人。

表 4-5　我国高技能劳动要素分行业就业人数　单位：亿人

年份	初级产品	劳动密集型制造业	资本密集型制造业	知识密集型制造业	劳动密集型服务业	资本密集型服务业	知识密集型服务业	健康、教育、公共服务业
1995	0.03	0.02	0.06	0.09	0.23	0.14	0.07	0.92
1996	0.04	0.02	0.07	0.10	0.26	0.15	0.08	1.02
1997	0.04	0.02	0.08	0.11	0.29	0.16	0.08	1.09
1998	0.04	0.03	0.08	0.10	0.31	0.17	0.09	1.19
1999	0.04	0.03	0.08	0.11	0.34	0.18	0.09	1.28
2000	0.04	0.03	0.09	0.11	0.36	0.19	0.10	1.38
2001	0.05	0.03	0.09	0.12	0.39	0.20	0.10	1.50
2002	0.05	0.03	0.09	0.13	0.42	0.21	0.10	1.64
2003	0.06	0.04	0.10	0.15	0.53	0.23	0.14	1.82
2004	0.06	0.05	0.12	0.18	0.54	0.25	0.15	2.02
2005	0.04	0.06	0.15	0.22	0.67	0.32	0.16	2.34
2006	0.05	0.07	0.18	0.26	0.81	0.39	0.18	2.68
2007	0.05	0.06	0.17	0.26	0.80	0.41	0.17	2.61
2008	0.04	0.07	0.19	0.30	0.89	0.45	0.20	2.74
2009	0.04	0.07	0.19	0.31	0.92	0.46	0.21	2.83

资料来源：根据 WIOD 数据库 2013 年发布的社会经济核算账户数据计算整理。

由表 4-6 可以看出八大行业中技能劳动要素就业人数在 1995～2009 年在普遍增加，说明中国中技能劳动要素数量也在逐渐增加。在中技能劳动要素分行业分布方面，健康、教育、公共服务业的就业人数最高，从 1995 年的 5.79 亿人增长到 2009 年的 7.34 亿人，该行业就业人数增加了 1.55 亿人，比 1995 年就业人数增长了 26.8%；劳动密集型服务业的高技能劳动要素就业人数次之，但增长幅度却高于健康、教育、公共服务业，其中就业人数从 1995 年的 4.23 亿人到 2009 年的 7.01 亿人，增长了 2.78 亿人，比 1995 年增长了 65.7%；接下来中技能劳动要素就业人口数量从多到少分别为资本密集型制造业、初级产品、知识密集型制造业、资本密集型服务业和劳动密集型制造业，这几个行业的中技能劳动要素就业人数差距较小，增长幅度较低，处于比较稳定的就业数量。中技能劳动要素就业人数最低的行业是知识密集型服务业，在1995年该行业中技能劳动要素就业人数在0.44亿人，2009年增加到0.50亿人，整体增长比较缓慢。

表4-6　　我国中技能劳动要素分行业就业人数　　单位：亿人

年份	初级产品	劳动密集型制造业	资本密集型制造业	知识密集型制造业	劳动密集型服务业	资本密集型服务业	知识密集型服务业	健康、教育、公共服务业
1995	1.76	0.83	1.56	1.30	4.23	1.29	0.44	5.79
1996	1.79	0.89	1.66	1.34	4.60	1.38	0.46	6.14
1997	1.85	0.89	1.80	1.38	4.89	1.41	0.47	6.32
1998	1.86	1.06	1.84	1.19	5.06	1.42	0.47	6.61
1999	1.90	1.06	1.80	1.25	5.25	1.46	0.49	6.81
2000	1.94	1.07	1.78	1.26	5.42	1.52	0.48	7.15
2001	2.01	1.07	1.82	1.29	5.54	1.52	0.48	7.46
2002	2.09	1.04	1.76	1.29	5.76	1.57	0.48	7.85
2003	2.15	1.06	1.66	1.36	5.85	1.65	0.49	7.72
2004	2.04	1.21	1.78	1.43	5.87	1.72	0.48	7.65
2005	2.06	1.23	2.00	1.51	6.14	1.75	0.49	7.37
2006	2.07	1.27	2.04	1.60	6.57	1.76	0.49	7.08
2007	2.06	1.34	2.17	1.79	6.63	1.76	0.49	7.13
2008	2.17	1.37	2.23	1.92	6.79	1.80	0.48	7.09
2009	2.12	1.41	2.29	1.97	7.01	1.86	0.50	7.34

资料来源：根据WIOD数据库2013年发布的社会经济核算账户数据整理。

根据表4-7可以发现，中国低技能劳动要素在初级产品的就业人数最高，且呈现出逐年下降的趋势。其他行业低技能劳动要素就业人数低于初级产品，且就业人数差距较大，但这些行业在1995~2009年的就业人数均呈现上涨趋势。在初级产品方面，1995 年中国低技能劳动要素就业人数达到了 3.50 亿人，到 2009 年下降到 2.86 亿人，减少了 0.64 亿人。在劳动密集型服务业，健康、教育、公共服务业，资本密集型制造业，以及劳动密集型制造业我国低技能劳动要素就业人数次之，1995 年分别为 0.43 亿人、0.23 亿人、0.28 亿人和 0.22 亿人，到 2009 年分别增长到 0.52 亿人、0.47 亿人、0.34 亿人和 0.33 亿人，各行业分别增加了 0.09 亿人、0.24 亿人、0.06 亿人和 0.11 亿人，其中健康、教育、公共服务业就业人数增加了 1 倍多，劳动密集型制造业就业人数增加了 50%，劳动密集型服务业和资本密集型制造业增长低于以上两个行业，增长率在 20% 左右。知识密集型制造业和资本密集型服务业的就业人数保持在 0.10 亿 ~0.19 亿人，增长比较缓慢。知识密集型服务业的低技能劳动要素就业人数最少，1995 年和 2009 年的就业人数均为 0.01 亿人。

表 4-7　我国低技能劳动要素分行业就业人数　单位：亿人

年份	初级产品	劳动密集型制造业	资本密集型制造业	知识密集型制造业	劳动密集型服务业	资本密集型服务业	知识密集型服务业	健康、教育、公共服务业
1995	3.50	0.22	0.28	0.15	0.43	0.10	0.01	0.23
1996	3.43	0.23	0.29	0.15	0.45	0.10	0.01	0.24
1997	3.42	0.22	0.30	0.15	0.46	0.10	0.01	0.24
1998	3.44	0.25	0.29	0.12	0.46	0.09	0.01	0.24
1999	3.48	0.24	0.27	0.12	0.46	0.09	0.01	0.24
2000	3.49	0.24	0.26	0.12	0.46	0.09	0.01	0.24
2001	3.53	0.23	0.25	0.12	0.46	0.09	0.01	0.24
2002	3.55	0.21	0.24	0.11	0.46	0.09	0.01	0.25
2003	3.52	0.23	0.24	0.13	0.45	0.09	0.01	0.28
2004	3.41	0.27	0.26	0.14	0.47	0.10	0.01	0.32
2005	3.28	0.28	0.30	0.15	0.45	0.11	0.01	0.36
2006	3.14	0.30	0.31	0.16	0.45	0.11	0.01	0.40

续表

年份	初级产品	劳动密集型制造业	资本密集型制造业	知识密集型制造业	劳动密集型服务业	资本密集型服务业	知识密集型服务业	健康、教育、公共服务业
2007	3.03	0.32	0.33	0.18	0.49	0.11	0.01	0.42
2008	2.94	0.32	0.33	0.19	0.51	0.12	0.01	0.45
2009	2.86	0.33	0.34	0.20	0.52	0.12	0.01	0.47

资料来源：根据 WIOD 数据库 2013 年发布的社会经济核算账户数据整理。

整体来看，我国高技能劳动要素就业量少，但相对增长较快，但由于我国高技能劳动要素数量基数较低，因此虽然增长较快但就业人数依旧较少。因此，从我国经济发展需求来看，未来高技能和中技能劳动要素就业人数将会大幅度提高，逐渐减少低技能劳动要素就业人数，要重视高技能、中技能劳动要素的人才培养，提高高技能和中技能人才队伍的整体质量，从要素供给角度实现中国经济高质量发展。

第二节　全球价值链分工与我国劳动要素的发展

我国是人口大国，具有丰富的劳动要素资源，在就业方面也一直面临较大压力。20 世纪 90 年代以来，我国产业结构逐渐调整，深化国企改革，出现了大批下岗的城镇职工，同时我国农村劳动力流动性增强，大规模地向城市进行转移，与我国每年的新增劳动力共同导致了我国就业市场的巨大压力。

随着全球价值链的分工的发展，逐渐地由产业间分工发展为产业内分工，导致参与分工的最小单元要素的流动性增长强，在一定程度上对我国的就业产生直接或间接的就业创造效应和就业挤出效应。因此，随着全球价值链分工的不断深化，由跨国公司主导的价值链分工将部分生产工序和生产环节转移到我国具有廉价劳动力优势的劳动密集型产业，也将中国打造成了“世界工厂”，在很大程度上也为我国带来了巨大的就业利益，进一步缓解了我国的就业压力问题。

为了能够更进一步地了解全球价值链分工对我国劳动要素的就业情况，本书依据中国统计局公布的《中国统计年鉴》对 1995 ~ 2016 年我国城镇就业人数、外资企业就业人数和国有企业就业人数进行统计与计算，希望通过对外资企业就业人数和国有企业就业人数的统计与对比，能够进一步了解全球价值链分工下我国劳动要素发展水平。

一、全球价值链分工下的就业创造效应

跨国公司主导了全球价值链分工，也将国际资本和国内劳动相结合，为我国带来就业的创造效应。我国在工业化发展初期，面临着要素发展不平衡的问题：一是工业生产环节要能够解决大量的剩余农村劳动力；二是缺乏转移剩余农村劳动力的资金支持。以上问题在面对全球价值链分工时便能够解决以上部分问题，即跨国公司对我国进行直接投资，增加在我国建立生产企业数量，帮助我国剩余农村劳动力的转移。随着我国参与全球价值链分工程度的加深和不断扩大的外商投资规模，我国劳动要素在外资企业就业的人数持续增长（如表 4 - 8 所示），从 1995 年的 0. 024 亿人增加到 2016 年的 0. 136 亿人，2016 年外资企业就业人数占城镇总就业人数的 3. 29% 。说明外商投资企业吸纳了一些我国的劳动要素，但目前外资企业就业人数所占比重依旧较小。因此可见我国融入全球价值链分工，能够通过外商直接投资扩大就业规模，进而提高我国贸易利益。

表 4 - 8　　我国外资企业、国有企业的城镇就业人数及比重

年份	就业人数（亿人）			占城镇总就业的比重（%）	
	城镇就业总人数	外资企业	国有企业	外资企业	国有企业
1995	1. 909	0. 024	1. 126	1. 26	58. 98
1996	1. 982	0. 028	1. 124	1. 39	56. 74

续表

年份	就业人数（亿人）			占城镇总就业的比重（%）	
	城镇就业总人数	外资企业	国有企业	外资企业	国有企业
1997	2.021	0.030	1.104	1.48	54.65
1998	2.068	0.029	0.906	1.42	43.81
1999	2.101	0.031	0.857	1.46	40.79
2000	2.127	0.033	0.810	1.56	38.08
2001	2.394	0.035	0.764	1.44	31.91
2002	2.478	0.039	0.716	1.58	28.91
2003	2.564	0.045	0.688	1.77	26.82
2004	2.648	0.056	0.671	2.13	25.34
2005	2.733	0.069	0.649	2.52	23.74
2006	2.963	0.080	0.643	2.69	21.70
2007	3.095	0.090	0.642	2.92	20.75
2008	3.210	0.094	0.645	2.94	20.08
2009	3.332	0.098	0.642	2.93	19.27
2010	3.469	0.105	0.652	3.04	18.79
2011	3.591	0.122	0.670	3.39	18.67
2012	3.710	0.125	0.684	3.36	18.43
2013	3.824	0.157	0.637	4.10	16.64
2014	3.931	0.156	0.631	3.97	16.06
2015	4.041	0.145	0.621	3.58	15.36
2016	4.143	0.136	0.617	3.29	14.89

资料来源：根据历年《中国统计年鉴》数据计算整理。

二、全球价值链分工下的就业挤出效应

全球价值链分工能够为我国劳动要素就业带来创造效应，同时也会对我国的劳动要素就业产生挤出效应。随着跨国公司在我国投资建厂，我国外资企业的就业人员数量逐年上升，显示出了外资对就业的直接创

造效应。但与此同时，我国国有企业的就业人数呈现了大幅度的下降。1995 年我国国有企业就业人数在 1.126 亿人，占城镇总就业人数的 59%。截止到 2016 年，我国国有企业就业人数只有 0.617 亿人，仅占城镇总就业人数的 15%。在 1995～2016 年我国国有企业就业人数共减少了 0.509 亿人，下降了 44%。造成国有企业就业人数减少可能的原因主要包括以下两方面：一方面是在同一行业内，我国的国有企业与外资企业产生竞争，而我国的国有企业由于竞争力、技术水平、生产成本等问题出现了生产规模的下降，从而导致了对劳动要素的需求下降，进而使国有企业就业人数出现下降，即外商直接投资对我国劳动要素就业产生的直接挤出效应。另一方面是改革开放以来，我国国有企业体制改革逐渐深化，带来了下岗人员增加的问题，而外国投资企业的进入在某种程度上也是加速了我国国有企业体制的步伐，因此由于国有企业体制改革带来的就业人数减少的问题也可以被看作是对我国劳动要素就业的间接挤出效应。从外资企业和国有企业在城镇总就业人数的比重能够看出，除了我国以上两类企业的其他企业的就业人数在城镇总就业人数的比重在逐渐提高，且增长速度较快，这说明我国各种类型企业在近年来都能够获得相应的发展，显示了我国就业主体多元化的发展特点。

三、全球价值链分工下的服务外包

全球价值链分工的服务外包为我国提供了更多的就业机会，增加了对我国劳动要素的需求。我国充分利用廉价劳动力资源优势，在全球价值链分工中主要承接劳动密集型的国际服务外包项目，创造了对我国劳动要素的大量需求，提高了我国传统服务业劳动要素的就业。例如无论是传统服务项目还是新兴服务项目如餐饮业、运输业、呼叫中心等，都包含劳动密集型、资本密集型和技术密集型的生产环节，发达国家能够通过全球价值链的分工，将劳动密集型生产环节分离出来，通过跨国公司将劳动密集型生产环节转包到具有廉价劳动力优势的发展中国家进行生产，进而获取更多的贸易利益。我国作为劳动力资源丰富的国家，具备承包服务外包的有利条件，因此在全球价值链分工中我国在国际服务外包竞争中的优势越来越明显，进而也为我国国内提供了更多的就业机会。随着中国参与价值链分工的不断加深，不断扩展了我国承接服务外包领域，在劳动密集型生产环节大量转移到我国的同时，越来越多的高技术行业生产环节也在逐渐转移到我国，例如研发、服务流程、设计等，这在一定程度上也增加了对我国技能型劳动要素的需求，进而促进了我国技能型劳动要素的就业。

第五章

全球价值链分工下的劳动收入：测算模型构建与典型事实分析

第一节　全球价值链分工下的生产要素收入

一、全球价值链分工下的增加值贸易核算

全球价值链是主导国际分工的重要模式，以产业间分工、产业内分工，贸易“碎片化”为主要特征，跨国公司是主导全球价值链分工的主要载体。参与价值链生产的产品被分割成不同的生产阶段，利用各国或地区企业的比较优势分散完成。因此传统贸易统计方法不适用新型国际分工体系问题受到了国际组织、全球学者的广泛关注。OECD 和 WTO 提出了增加值贸易（trade in value-added）概念，引导学者要建立更适合价值链分工下的贸易利益统计框架。

芬斯特拉等（Feenstra et al., 1999）在研究中提出，中国对美国出口的加工产品中，有很大一部分中间产品的进口是来源于美国、日本等国家，因此，中美间的贸易顺差将包含很大一部分的“国外增加值”。

中国学者陈锡康也提出贸易总额核算方法已经不能准确计算双边贸易额，应采用贸易增加值核算方法准确测算双边贸易差额。胡梅尔斯等（Hummels et al.，2001）首次提出了一国直接、间接增加值出口的核算方法，并构建了垂直专业化（vertical specialization，VS）指数，简称为HIY（2001）方法。HIY（2001）方法将VS定义为一国出口中包含他国进口的增加值，将VS1定义为一国出口中被进口国或第三国用于生产出口的增加值。虽然利用HIY（2001）方法能够测算出一国或某产业的价值链分工地位，但在使用HIY（2001）方法时便隐含着两个关键假设，即库普曼等（2010）等指出在两大假设的特定情况下计算出的垂直专业化是不准确的。例如，第一个假设是一国进口的中间产品不能包含本国的增加值，必须全部是由国外生产要素进行生产。该假设在当前全球价值链分工情况下是非常普遍存在的，因为对于价值链高端地位的发达国家来说，其进口产品中可能含有大量本国生产并出口的中间产品增加值。第二个假设是一国生产的产品作为最终品被该国消费或是作为出口的最终品，其产品内包含的进口中间投入占总投入的份额必须是相等的。显而易见，这种情况在价值链分工中也是不存在的，对于以加工贸易出口为主参与价值链分工的中国和墨西哥等国，这样的假设是不符合实际情况的。后来众多的学者为解决HIY（2001）方法的弊端，逐渐地尝试放松该方法的两大假设条件，推动了增加值贸易核算理论方法的发展与演化。

学者在解决HIY（2001）方法存在的缺陷时，不断放松HIY（2001）方法的两大假设。王等（Wang et al.，2009）放松了HIY（2001）方法的第一个假设，进一步扩展了HIY（2001）方法对垂直专业化的测算方法，并在国际投入产出模型基础上建立了包含许多国家的一个核算框架，计算各国参与价值链分工的净出口与净贡献，简称WPW（2009）方法，即能够准确且快速地计算出VS及VS1。同时还指出了HIY（2001）方法是属于WPW（2009）方法在特定条件下的特例。库普曼等（2008）则放松了第二个假设，区分了加工贸易、国内最终消费和一般出口，对各自的投入产出系数重新定义，化解了HIY（2001）方法中第二个假设的缺陷，简称为 KWW（2008）方法，但对第一假设中关于进口产品需包含百分之百的国外增加值的内容并没有改变，因此 KWW（2008）方法也没有被广泛利用。直到 2010 年，库普曼等（2010）同时放松了 HIY（2001）方法的两个假设，对一国的总出口展开了详细的分解，并将垂直专业化指标融入衡量一国在全球价值链中的地位问题，为后续的理论研究作出了基础贡献，简称为 KPWW（2010）方法，因此 KPWW（2010）方法可以算得上是增加值贸易核算理论的先驱方法。约翰逊等（Johnson et al.，2012）按照一国增加值出口的最终进口国对该国的增加值出口进行分解，同时对增加值出口（value-added expert，VAX）下了比较正式的定义，即一国生产产品最终被他国消费吸收的增加值，并将贸易中增加值成分用增加值出口占总出口的比例（VAX ratio）来衡量，简称为 JN（2012）方法。在此研究基础上，KWW（2014）方法进一步分解总出口，提出了一国出口中的增加值等于该国的增加值出口和增加值的折返。王直等（2015）指出上述方法同样存在缺陷，简称 WWZ（2015）方法，即只能分解一国总出口，并不能反映不同出口品在进行各种增加值和重复计算分解时的异质性。因此，WWZ（2015）方法将总贸易流的分解达到了一个全新的高度，即对各国的总贸易、各产业的贸易、国家双边贸易，以及双边产业贸易都进行了分解。本书也将采用这一分解方法对世界主要地区和国家进行分析。

二、全球价值链分工下生产要素收入分配理论模型

本书是在增加值贸易（trade in value-added）框架下进行相关研究。增加值贸易是指一国的价值增值直接或间接地包含在另一国最终消费内（Stehrer，2012）。对于出口来说，一国的增加值出口则表示该国创造的直接（或间接）的价值增值用于满足其他国家的消费，被定义为直接（间接）增加值出口。

（一）MRIO 模型与增加值出口的测算

假设存在 G 个国家，n 个部门种类，构成的 MRIO 模型的基本表达式为：

$$\begin{bmatrix} X^1 \\ X^2 \\ \vdots \\ X^G \end{bmatrix} = \begin{bmatrix} A^{11} & A^{12} & \cdots & A^{1G} \\ A^{21} & A^{22} & \cdots & A^{2G} \\ \vdots & \vdots & \ddots & \vdots \\ A^{G1} & A^{G2} & \cdots & A^{GG} \end{bmatrix} \begin{bmatrix} X^1 \\ X^2 \\ \vdots \\ X^G \end{bmatrix} + \begin{bmatrix} Y^{11}+Y^{12}+\cdots+Y^{1G} \\ Y^{21}+Y^{22}+\cdots+Y^{2G} \\ \vdots \\ Y^{G1}+Y^{G2}+\cdots+Y^{GG} \end{bmatrix} \tag{5.1}$$

其中，$X^s(s=1, 2, 3, \cdots, G)$为 s 国的总产出，是一个 $n\times1$ 阶向量，A 矩阵中的任一元素是 s 国生产的中间品被 t 国用于生产一单位的总产出的投入量，即国家 s 生产的中间产品的直接消耗系数矩阵。Y 矩阵中的任一元素是 s 国生产的最终产品被 t 国用作最终消费。通过整理得出：

$$\begin{bmatrix} I-A^{11} & I-A^{12} & \cdots & I-A^{1G} \\ I-A^{21} & I-A^{22} & \cdots & I-A^{2G} \\ \vdots & \vdots & \ddots & \vdots \\ I-A^{G1} & I-A^{G2} & \cdots & I-A^{GG} \end{bmatrix} \begin{bmatrix} X^1 \\ X^2 \\ \vdots \\ X^G \end{bmatrix} = \begin{bmatrix} Y^{11}+Y^{12}+\cdots+Y^{1G} \\ Y^{21}+Y^{22}+\cdots+Y^{2G} \\ \vdots \\ Y^{G1}+Y^{G2}+\cdots+Y^{GG} \end{bmatrix} \tag{5.2}$$

调整可得最终需求所拉动的总产出公式：

$$\begin{bmatrix} X^1 \\ X^2 \\ \vdots \\ X^G \end{bmatrix} = \begin{bmatrix} B^{11} & B^{12} & \cdots & B^{1G} \\ B^{21} & B^{22} & \cdots & B^{2G} \\ \vdots & \vdots & \ddots & \vdots \\ B^{G1} & B^{G2} & \cdots & B^{GG} \end{bmatrix} \begin{bmatrix} Y^{11}+Y^{12}+\cdots+Y^{1G} \\ Y^{21}+Y^{22}+\cdots+Y^{2G} \\ \vdots \\ Y^{G1}+Y^{G2}+\cdots+Y^{GG} \end{bmatrix} \tag{5.3}$$

$$\begin{bmatrix} B^{11} & B^{12} & \cdots & B^{1G} \\ B^{21} & B^{22} & \cdots & B^{2G} \\ \vdots & \vdots & \ddots & \vdots \\ B^{G1} & B^{G2} & \cdots & B^{GG} \end{bmatrix} = \begin{bmatrix} I-A^{11} & I-A^{12} & \cdots & I-A^{1G} \\ I-A^{21} & I-A^{22} & \cdots & I-A^{2G} \\ \vdots & \vdots & \ddots & \vdots \\ I-A^{G1} & I-A^{G2} & \cdots & I-A^{GG} \end{bmatrix}^{-1} \tag{5.4}$$

式（5.4）为经典的里昂惕夫逆矩阵。B 矩阵中的任一元素是国家 t

每生产一单位最终产品所使用的国家 s 的最终需求品，即国家 s 生产的最终品的完全消耗系数矩阵。由此可得国家 s 的最终需求为：$Y^s = Y^{s1} + Y^{s2} + Y^{s3} + \cdots + Y^{sG}$，整理后可得：$Y^s = Y^{ss} + \sum_{t \neq s}^{G} Y^{st}$，$Y^{ss}$ 为 s 国生产的最终产品被本国所消费。$\sum_{t \neq s}^{G} Y^{st}$ 为国家 s 生产的最终产品被其他 G－1 个国家所消费。

将式（5.1）的右端展开可得：

$$
\begin{aligned}
X^s &= A^{s1}X^1 + \cdots + A^{ss}X^s + \cdots + A^{sG}X^G + Y^{s1} + \cdots + Y^{ss} + \cdots + Y^{sG} \\
&= A^{ss}X^s + Y^{ss} + \sum_{r \neq s}^{G} A^{sr}X^r + \sum_{r \neq s}^{G} Y^{sr} \\
&= A^{ss}X^s + Y^{ss} + \sum_{r \neq s}^{G} (A^{sr}X^r + Y^{sr}) \\
&= A^{ss}X^s + Y^{ss} + E^s
\end{aligned}
\tag{5.5}
$$

整理后可得 $(I - A^{ss})X^s = Y^{ss} + E^s$，进一步可推导出：

$$X^s = (I - A^{ss})^{-1}(Y^{ss} + E^s) = L^{ss}(Y^{ss} + E^s) \tag{5.6}$$

其中，E^s 表示 s 国总出口，包括最终品出口和中间品出口两部分，即 $E^s = \sum_{r \neq s}^{G} (A^{sr}X^r + Y^{sr})$，$L^{ss} = (I - A^{ss})^{-1}$ 表示 s 国的国内里昂惕夫逆矩阵，将式（5.6）整理可得：

$$X^s = L^{ss}Y^{ss} + L^{ss}E^s \tag{5.7}$$

同理可以得到：

$$\begin{cases} X^r = L^{rr}Y^{rr} + L^{rr}E^r \\ X^t = L^{tt}Y^{tt} + L^{tt}E^t \end{cases} \tag{5.8}$$

同时式（5.8）中 L^{rr} 和 L^{tt} 分别为 r 国和 t 国的国内里昂惕夫逆矩阵。为了区分直接出口国和间接出口国，本书将 E^r 改写为：

$$E^r = \sum_{s \neq r}^{G} E^{rs} + \sum_{t \neq s,r}^{G} E^{rt} = \sum_{s \neq r}^{G} (A^{rs}X^s + Y^{rs}) + \sum_{t \neq s,r}^{G} (A^{rt}X^t + Y^{rt}) \tag{5.9}$$

将式（5.9）代入式（5.8），得到：

$$X^r = L^{rr}Y^{rr} + \sum_{s\neq r}^{G} L^{rr}A^{rs}X^s + \sum_{s\neq r}^{G} L^{rr}Y^{rs} + \sum_{t\neq s,r}^{G} L^{rr}A^{rt}X^t + \sum_{t\neq s,r}^{G} L^{rr}Y^{rt} \tag{5.10}$$

将式（5.7）和式（5.8）代入式（5.10）可得到：

$$X^r = \underbrace{L^{rr}Y^{rr} + \sum_{s\neq r}^{G} L^{rr}Y^{rs} + \sum_{t\neq s,r}^{G} L^{rr}Y^{rt}}_{第一部分} + \underbrace{\sum_{s\neq r}^{G} L^{rr}A^{rs}L^{ss}Y^{ss} + \sum_{t\neq s,r}^{G} L^{rr}A^{rt}L^{tt}Y^{tt}}_{第二部分}$$
$$+ \underbrace{\sum_{s\neq r}^{G} L^{rr}A^{rs}L^{ss}E^{s} + \sum_{t\neq s,r}^{G} L^{rr}A^{rt}L^{tt}E^{t}}_{第三部分} \tag{5.11}$$

在式（5.11）中，第一部分为r国生产的最终品被r国、s国、t国所消费；第二部分为r国生产的中间品被s国和t国所消费用于生产本国消费的最终品；第三部分为r国生产的中间产品被s国和t国所消费用于生产出口的中间品和最终品，为重复计算部分。该式是根据总产出来源分解基础上对一国总产出的分解。

定义增加值系数 $V^s = VA^s(X^s)^{-1}$，同理可得：$V^r = VA^r(X^r)^{-1}$，$V^t = VA^t(X^t)^{-1}$，因此，完全增加值系数可以表示为：

$$VB = [V^1 \quad V^2 \quad \cdots \quad V^G]\begin{bmatrix} B^{11} & B^{12} & \cdots & B^{1G} \\ B^{21} & B^{22} & \cdots & B^{2G} \\ \vdots & \vdots & \ddots & \vdots \\ B^{G1} & B^{G2} & \cdots & B^{GG} \end{bmatrix}$$
$$= [V^1B^{11} + V^2B^{21} + \cdots + V^GB^{G1},\ V^1B^{12} + V^2B^{22} + \cdots$$
$$+ V^GB^{G2},\ \cdots,\ V^1B^{1G} + V^2B^{2G} + \cdots + V^GB^{GG}] \tag{5.12}$$

式（5.12）是按照价值来源方向并根据产业间后项联系分解最终品的方法，将产出的任一单位最终品都能够清楚地分解为所有国家（区域）和所有部门的增加值，能够表现出一国国内增加值的来源地。因此，在上式的结果向量中，每一个元素都等于1。s国的完全增加值系数可以表示为：

$$V^1B^{1s} + V^2B^{2s} + \cdots + V^sB^{ss} + \cdots + V^GB^{Gs} = 1$$

整理可得：
$$V^sB^{ss} + \sum_{r\neq s}^{G} V^rB^{rs} + \sum_{t\neq s,r}^{G} V^tB^{ts} = 1 \tag{5.13}$$

式（5.13）就是s国的完全增加值系数，由此可以清晰地看到s国的完全增加值系数可以分解为三个部分系数，分别为来自s国自身的增加值系数、来自直接进口国r国的增加值系数和来自间接进口国t国的增加值系数。

按照国内增加值来源分解，s国的总出口 E^s 为：

$$E^s = (V^sB^{ss} + \sum_{r\neq s}^{G} V^rB^{rs} + \sum_{t\neq s,r}^{G} V^tB^{ts})^T \# \sum_{r\neq s}^{G} (A^{sr}X^r + Y^{sr}) \tag{5.14}$$

将r国总产出 X^r 的分解式（5.11）代入式（5.14）可以得到：

$$\left.\begin{aligned} E^s = {} & (V^sB^{ss})^T \# \sum_{r\neq s}^{G} A^{sr}L^{rr}Y^{rr} + (V^sB^{ss})^T \# \sum_{r\neq s}^{G} Y^{sr} + \\ & (V^sB^{ss})^T \# \sum_{r\neq s}^{G} \sum_{t\neq s,r}^{G} A^{sr}L^{rr}Y^{rt} + (V^sB^{ss})^T \# \sum_{r\neq s}^{G} \sum_{t\neq s,r}^{G} A^{sr}L^{rr}A^{rt}L^{tt}Y^{tt} + \\ & (V^sB^{ss})^T \# \sum_{r\neq s}^{G} A^{sr}L^{rr}A^{rs}L^{ss}Y^{ss} + (V^sB^{ss})^T \# \sum_{r\neq s}^{G} A^{sr}L^{rr}Y^{rs} + \\ & (V^sB^{ss})^T \# \sum_{r\neq s}^{G} A^{sr}L^{rr}A^{rs}L^{ss}E^s + (V^sB^{ss})^T \# \sum_{r\neq s}^{G} \sum_{t\neq s,r}^{G} A^{sr}L^{rr}A^{rt}L^{tt}E^t + \end{aligned}\right\} \text{s国出口中本国的增加值部分}$$

$$\left.\begin{aligned} & \sum_{r\neq s}^{G} (V^rB^{rs})^T \# A^{sr}L^{rr}Y^{rr} + \sum_{r\neq s}^{G} (V^rB^{rs})^T \# Y^{sr} + \\ & \sum_{r\neq s}^{G} \sum_{t\neq s,r}^{G} (V^rB^{rs})^T \# A^{sr}L^{rr}Y^{rt} + \sum_{r\neq s}^{G} \sum_{t\neq s,r}^{G} (V^rB^{rs})^T \# A^{sr}L^{rr}A^{rt}L^{tt}Y^{tt} + \\ & \sum_{r\neq s}^{G} (V^rB^{rs})^T \# A^{sr}L^{rr}A^{rs}L^{ss}Y^{ss} + \sum_{r\neq s}^{G} (V^rB^{rs})^T \# A^{sr}L^{rr}Y^{rs} + \\ & \sum_{r\neq s}^{G} (V^rB^{rs})^T \# A^{sr}L^{rr}A^{rs}L^{ss}E^s + \sum_{r\neq s}^{G} \sum_{t\neq s,r}^{G} (V^rB^{rs})^T \# A^{sr}L^{rr}A^{rt}L^{tt}E^t + \end{aligned}\right\} \text{s国出口中直接进口国的增加值部分}$$

$$\left.\begin{aligned}&\sum_{t\neq s,r}^{G}\sum_{r\neq s}^{G}(V^{t}B^{ts})^{T}\#A^{sr}L^{rr}Y^{rr}+\sum_{t\neq s,r}^{G}\sum_{r\neq s}^{G}(V^{t}B^{ts})^{T}\#Y^{sr}+\\&\sum_{t\neq s,r}^{G}\sum_{r\neq s}^{G}(V^{t}B^{ts})^{T}\#A^{sr}L^{rr}Y^{rt}+\sum_{t\neq s,r}^{G}\sum_{r\neq s}^{G}(V^{t}B^{ts})^{T}\#A^{sr}L^{rr}A^{rt}L^{tt}Y^{tt}+\\&\sum_{t\neq s,r}^{G}\sum_{r\neq s}^{G}(V^{t}B^{ts})^{T}\#A^{sr}L^{rr}A^{rs}L^{ss}Y^{ss}+\sum_{t\neq s,r}^{G}\sum_{r\neq s}^{G}(V^{t}B^{ts})^{T}\#A^{sr}L^{rr}Y^{rs}+\\&\sum_{t\neq s,r}^{G}\sum_{r\neq s}^{G}(V^{t}B^{ts})^{T}\#A^{sr}L^{rr}A^{rs}L^{ss}E^{s}+\sum_{t\neq s,r}^{G}\sum_{r\neq s}^{G}(V^{t}B^{ts})^{T}\#A^{sr}L^{rr}A^{rt}L^{tt}E^{t}\end{aligned}\right\}\text{s 国出口中第三国的增加值部分}\tag{5.15}$$

式（5.15）得出来的是一国总出口的分解，由于依据总产出来源分解和增加值来源分解，因此，该分解方法能够将总出口分解成不同国家的增加值以及具体的增加值来源。首先，式（5.15）将一国的总出口根据增加值来源分为了三大部分，分别为来自出口国本身的增加值、来自直接进口国的增加值和来自第三国的增加值。其次，这三大部分的增加值又细分了八个部分，本书以第一部分——来自出口国自身的增加值为例解释其中八个部分的经济含义。第一项表示出口国生产的中间品出口到直接进口国，被直接进口国用于生产本国消费的最终品所包含的中间品增加值；第二项表示出口国生产的最终品出口到直接进口国，被直接进口国消费所包含的国内增加值；第三项为出口国生产的中间产品出口到直接进口国，被直接进口国用于生产最终品出口到第三国的中间品增加值；第四项为出口国生产的中间产品出口到直接进口国，被直接进口国用于生产中间产品出口到第三国，再被第三国用于生产本国国内消费的最终产品的出口国增加值；第五项为出口国生产的中间产品出口到直接进口国，被直接进口国用于生产中间产品返回出口国，再被出口国用于生产本国国内消费的最终产品的国内增加值；第六项为出口国生产的中间产品出口到直接进口国，被直接进口国用于生产最终品再返回到出口国用于最终消费的增加值；第七项为出口国生产的中间产品出口到直接进口国，被直接进口国生产中间产品再返回出口国，再被出口国用于生产出口的增加值；第八项为出口国生产的中间产品出口到直接进口国，被直接进口国用于生产中间产品并出口到第三国，再被第三国用于生产出口的增加值。对于以上八项来说，其中第三项和第四项是出口国生产的中间品被直接进口国用于生产中间品并出口至第三国，是被间接吸收的出口国增加值出口；第五项和第六项是出口国生产中间品出口，并最终返回国内，属于国内中间品增加值的折返；第七项和第八项是出口国生产中间产品出口，被直接进口国生产中间品再出口到第三国，已经在前面进行过核算，属于重复计算的国内增加值部分。

式（5.15）中的第二部分和第三部分均包含上述八项内容，具体的含义与第一部分接近，只不过代表的增加值分别是直接进口国的增加值和第三国的增加值。从该式分析来看，本书将一个国家的总出口分成了三大部分，24 个分项，分解思想及基本逻辑与王直、魏尚进和祝坤福（2015）一致，但是本书对于进口国增加值和第三国增加值同样进行了更加细化分解，能够清晰表现出一国总出口的增加值来源。但本书与王直、魏尚进和祝坤福（2015）的测算有一定的区别，本书的测算是净增加值的出口，而王直、魏尚进和祝坤福（2015）分解出口中的国内增加值，包括了进口中所包含的国内增加值部分。本书的主要目的是要测算基于全球价值链分工的外部需求，为中美两国所带来的增加值出口中，各类生产要素的收入水平。由于全球价值链分工背景下中间品反复跨越国境，中间品和最终品的外部需求能够通过国际产业关联影响一国的增加值创造（卫瑞，2015）。因此，根据外部需求所进行的增加值出口核算能够更客观地分析一国对于全球贸易即外部需求的依赖程度，同时能够具体测算由于外部需求所带来的要素收益情况。根据式（5.15），一国的增加值出口可以表示为：

$$
\begin{aligned}
VAX^{s} = & (V^{s}B^{ss})^{T}\#\sum_{r\neq s}^{G}A^{sr}L^{rr}Y^{rr} + (V^{s}B^{ss})^{T}\#\sum_{r\neq s}^{G}Y^{sr} \\
& + (V^{s}B^{ss})^{T}\#\sum_{r\neq s}^{G}\sum_{t\neq s,r}^{G}A^{sr}L^{rr}Y^{rt} \\
& + (V^{s}B^{ss})^{T}\#\sum_{r\neq s}^{G}\sum_{t\neq s,r}^{G}A^{sr}L^{rr}A^{rt}L^{tt}Y^{tt} \qquad (5.16)
\end{aligned}
$$

式（5.16）中第一项和第二项是由于直接外部需求带来的增加值

出口，第三项和第四项是由于间接外部需求所带来的增加值出口。

为进一步测算增加值出口下的要素所有者收入，将劳动要素创造的增加值定义为 VA_L，资本要素创造的增加值为 VA_C，劳动要素增加值比例为 $VAR_L = VA_L/(VA_L + VA_C)$，资本要素增加值比例为 $VAR_C = VA_C/(VA_L + VA_C)$。为衡量劳动要素的要素质量，本书构建了单位劳动要素投入的增加值系数 F_L，用以表示单位劳动所创造的增加值。在具体测算过程中，本书将单位劳动细化为小时劳动，同等条件下单位劳动创造的增加值的不同直接表现为要素质量的不同。因此，书中以此系数作为要素质量的表现，具体计算公式为：$F_L = VAR_L/EM$，其中 EM 表示劳动就业量。

根据式（5.11）的一国增加值出口以及单位劳动要素的增加值系数，能够计算出增加值出口下的 s 国单位劳动要素投入的收入为：

$$VAXI_L^s = F_L^s \#(V^s B^{ss})^T \#\left(\sum_{r\neq s}^{G} A^{sr}L^{rr}Y^{rr} + \sum_{r\neq s}^{G} Y^{sr} + \sum_{r\neq s}^{G}\sum_{t\neq s,r}^{G} A^{sr}L^{rr}Y^{rt} + \sum_{r\neq s}^{G}\sum_{t\neq s,r}^{G} A^{sr}L^{rr}A^{rt}L^{tt}Y^{tt}\right) \tag{5.17}$$

（二）数据来源及说明

本书使用的计算数据全部来源于世界投入产出数据库（WIOD），但由于该数据在 2016 年更新了部分数据，行业也重新进行了划分，因此，本书将 1995～2011 年采用的是 WIOD 数据库 2013 年发布的数据，2012～2014 年采用的是 WIOD 数据库 2016 年发布的数据。首先，计算增加值出口和增加值出口率使用的是世界投入产出表（WIOTs）。其次，在对增加值出口进行生产要素分解时，使用的是 WIOD 数据库社会经济核算账户（socio-economic accounts，SEA），其中 SEA 对高、中、低三种技能劳动要素进行划分：高技能劳动要素为接受高等教育第一、第二阶段的劳动要素，中技能劳动要素为接受高中教育和大专教育（不同于高等教育）的劳动要素，低技能劳动要素为接受小学教育，或接受基础教育第一阶段和初中教育还有接受基础教育第二阶段的劳动要素。但需要特别说明的是，由于该数据库暂未更新，所以本书关于生产要素分解只计算到2009年。为突出表现文章研究的重点，本书综合张亚斌等（2015）以及纳根加斯特和斯蒂勒（Nagengast and Stehrer，2015）的做法，根据要素密集度和行业特质进行分类，对WIOTs分类2013年的35个行业和2016年的56个行业进行重新匹配，如表5－1所示，最终划分为初级和自然资源，劳动密集型制造业，资本密集型制造业，知识密集型制造业，劳动密集型服务业，资本密集型服务业，知识密集型服务业，健康、教育、公共服务业共八大类。

表5－1　　要素密集度产业分类与WIOTs的对照

产业分类	2013年WIOTs分类	产业名称	2016年WIOTs分类	产业名称
初级和自然资源	C1	农、林、牧、渔	A01	作物、牲畜养殖、狩猎
			A02	林业、伐木业
	C2	采矿及采石	A03	渔业、水产业
			B	采矿及采石
劳动密集型制造业	C4	纺织及服装制造	C13－C15	纺织品、服装、皮具及相关产品的制造
	C5	皮革制造	C16	木材加工、木材制品草编制品制造
	C6	木材加工及木材制品	C31－C32	家具的制造、其他制造业
	C16	废品回收和其他制造业		
资本密集型制造业	C3	食品及饮料制造	C10－C12	食品、饮料、烟草制造
	C7	造纸和纸制品	C17	纸和纸制品的制造
	C8	石油制品及核燃料制造	C18	记录媒介物的印制及复制
	C10	橡胶及塑料制品制造	C19	焦炭和精炼石油产品的制造
	C11	非金属矿物制品制造	C22	橡胶和塑料制品的制造
	C12	金属及金属制品制造	C23	其他非金属矿物制品的制造
			C24	基本金属的制造
			C25	金属制品的制造

续表

<table>
<tr><th>产业分类</th><th>2013 年 WIOTs 分类</th><th>产业名称</th><th>2016 年 WIOTs 分类</th><th>产业名称</th></tr>
<tr><td rowspan="9">知识密集型制造业</td><td>C9</td><td>化学品及化学品制造</td><td>C20</td><td>化学品及化学制品的制造</td></tr>
<tr><td rowspan="2">C13</td><td rowspan="2">机械和设备制造</td><td>C21</td><td>药品、药用化学品的制造</td></tr>
<tr><td>C26</td><td>计算机、电子和光学产品的制造</td></tr>
<tr><td rowspan="2">C14</td><td rowspan="2">电气及电子机械制造</td><td>C27</td><td>电力设备的制造</td></tr>
<tr><td>C28</td><td>未另分类的机械和设备的制造</td></tr>
<tr><td rowspan="2">C15</td><td rowspan="2">交通运输设备制造</td><td>C29</td><td>汽车、挂车和半挂车的制造</td></tr>
<tr><td>C30</td><td>其他运输设备的制造</td></tr>
<tr><td>C18</td><td>建筑业</td><td>C33</td><td>机械和设备的修理和安装</td></tr>
<tr><td>C19</td><td>汽车、摩托车销售、维护和修理</td><td>F</td><td>建筑业</td></tr>
<tr><td rowspan="5">劳动密集型服务业</td><td>C20</td><td>批发（汽车摩托车除外）</td><td>G45</td><td>汽车和摩托车的批发、零售及修理</td></tr>
<tr><td>C21</td><td>零售（汽车摩托车除外）</td><td>G46</td><td>批发贸易，汽车和摩托车除外</td></tr>
<tr><td>C22</td><td>住宿和餐饮</td><td>G47</td><td>零售贸易，汽车和摩托车除外</td></tr>
<tr><td>C26</td><td>辅助性运输和旅行社服务</td><td>I</td><td>食宿服务活动</td></tr>
<tr><td>C35</td><td>私人雇用的家庭服务</td><td>T</td><td>私人雇用的家庭服务</td></tr>
<tr><td rowspan="6">资本密集型服务业</td><td>C17</td><td>电力、煤气和水的供应</td><td>D35</td><td>电、煤气、蒸汽和空调的供应</td></tr>
<tr><td>C23</td><td>陆上运输</td><td>E36</td><td>集水、水处理与水供应</td></tr>
<tr><td rowspan="2">C24</td><td rowspan="2">水上运输</td><td>E37 - E39</td><td>污水等废弃物处理与处置</td></tr>
<tr><td>H49</td><td>陆路运输和管道运输</td></tr>
<tr><td rowspan="2">C25</td><td rowspan="2">航空运输</td><td>H50</td><td>水上运输</td></tr>
<tr><td>H51</td><td>航空运输</td></tr>
</table>

续表

产业分类	2013 年 WIOTs 分类	产业名称	2016 年 WIOTs 分类	产业名称
资本密集型服务业	C27	邮政及通信服务	H52	运输的储藏和辅助活动
			H53	邮政和邮递活动
	C29	房地产	J61	电信
			L68	房地产活动
知识密集型服务业	C28	金融业	J58	出版活动
			J59 - J60	电影、电视、广播等节目制作活动
			J62 - J63	计算机设计、咨询、信息服务活动
			K64	金融服务活动，保险和养恤金除外
			K65	保险，强制性社会保障除外
			K66	金融服务及保险活动的辅助活动
	C30	租赁、计算机、研究发展及其他商业服务	M69 - M70	法律、会计、管理咨询等活动
			M71	建筑和工程活动；技术测试和分析
			M72	科学研究与发展
			M73	广告业和市场调研
			M74 - M75	其他专业、科学和技术活动、兽医活动
			N	行政和辅助服务活动
健康、教育、公共服务业	C31	公共管理、国防及社会保障	O84	公共管理与国防；强制性社会保障
	C32	教育	P85	教育
	C33	卫生和社会工作	Q	人体健康和社会工作活动
	C34	其他社区、社会和个人服务	R - S	艺术、娱乐和文娱活动、其他服务活动
			U	国际组织和机构的活动

第二节 全球价值链分工下世界主要区域劳动收入的典型事实

为全面了解价值链分工下的贸易利得走向，主要分析和考察了世界主要区域的要素收入情况，以区域要素收入情况为基础进一步探究国家间贸易利益分配情况。本书在分析过程中选取了具有代表性的主要区域作为研究对象，分别为北美地区，包括美国和加拿大；欧盟15国，包括法国、德国、英国、意大利、荷兰、比利时、卢森堡、丹麦、爱尔兰、希腊、西班牙、葡萄牙、奥地利、芬兰和瑞典；东亚地区包括中国、日本和韩国；金砖国家则选取巴西、印度和俄罗斯。

一、世界主要区域的增加值出口与要素收入

（一）世界主要区域的整体增加值出口事实

全球价值链分工下，增加值出口是衡量一国生产要素收入的主要依据。本节利用式（5.16）对四大主要区域的增加值出口进行了测算，如表5-2所示。

表5-2 世界主要区域的增加值出口额及增加值出口率

项目	区域	1995年	2000年	2005年	2010年	2011年	2012年	2013年	2014年
增加值出口额（十亿美元）	北美	776.0	983.1	1205.3	1600.8	1684.1	1835.6	1871.2	1899.5
	欧盟15国	1617.4	1649.6	2621.6	3146.3	3282.7	3539.1	3741.1	3834.6
	东亚	667.9	777.3	129.1	2198.8	2317.1	2642.0	2694.2	2825.2
	金砖国家	147.1	176.5	383.1	677.3	742.0	855.3	870.8	816.7
增加值出口率（%）	北美	79.4	75.5	75.2	76.8	71.4	76.9	77.3	76.3
	欧盟15国	68.4	63.4	62.1	59.9	54.5	59.6	60.6	60.3
	东亚	83.5	78.4	71.0	71.0	64.5	71.4	71.4	71.7
	金砖国家	81.6	76.5	73.9	74.2	66.4	73.6	73.3	72.1

1995~2014年，四大主要区域的增加值出口额均呈现持续上升趋势，说明全球价值链分工在不断发展，全球贸易在不断增多，世界各大区域都在共享价值链分工带来的贸易利得。欧盟一直以来是增加值出口中规模最大的地区，其次是东亚、北美和金砖国家。但增加值出口不是评判四大主要区域参与全球价值链分工的重点，一方面由于各地区包含国家数量不同，导致各地区增加值出口额差距比较悬殊；另一方面由于增加值出口额本身并不能够代表该地区融入全球价值链的深度，也不能更好地衡量该地区增加值出口的能力。因此，本书利用增加值出口率（即增加值出口与总出口之比）来反映各地区融入全球价值链的程度。四大主要区域的增加值出口率都呈现出先降后升的趋势，说明世界经济波动牵动着世界各区域的经济发展。增加值出口率在1995~2011年出现下降，是由于价值链分工的快速发展，使得更多的国家和地区参与到全球价值链的分工中，拓展了全球分工的广度。在2011年后，增加值出口率逐渐上升，分工节点从最初的行业间分工到行业内分工，再到生产要素间的分工合作，说明了全球价值链分工体系不断深化、纵深发展。四大主要区域在增加值出口率方面，北美地区的增加值出口率最高，达到76.3%；金砖国家、东亚地区略低于北美地区，分别为72.1%和71.1%；欧盟15国最低仅有60.3%。北美地区、金砖国家和东亚地区参与价值链分工深度强于欧盟15国，可见欧盟15国整体的增加值出口额虽然处于四大区域的首要位置，但其整体的增加值出口率处于最后位置，说明欧盟15国参与价值链分工的深度有待提升。

（二）世界主要区域分行业增加值出口率特征

为进一步考察四大主要区域不同行业参与全球价值链分工程度，本书参照上面的行业分类标准计算了各行业的增加值出口率。图5-1比较了四大主要区域1995~2014年八大不同要素密集度产业的增加值出口率，细分产业后四大主要区域的增加值情况值得进一步分析与探究。从八大行业分类来看，欧盟15国的增加值出口率在八大行业中始终处于较低位置。在初级和自然资源方面，1995~2003年东亚地区的增加值出口率一直高于其他三个区域，2003 年北美地区的增加值出口率高于东亚地区，直到 2008 年金融危机后，东亚地区和北美地区的增加值出口率趋同。金砖国家在初级和自然资源行业的增加值出口率紧随其后，差距不大。欧盟 15 国在 2003 年后增加值出口率在逐渐下降。可见东亚地区、北美地区和金砖国家在初级和自然资源行业参与全球价值链分工程度较高，增加值出口率平均在 80% 左右，欧盟 15 国在该行业参与价值链分工程度较低，增加值出口率仅为 70% 左右。在劳动密集型制造业方面，1995 ~2004 年，东亚地区与北美地区的增加值出口率相近，2004 年后两个地区的增加值出口率出现差距，东亚地区在逐渐增加，北美地区则在逐渐减少，说明在 2004 年后两个地区在劳动密集型制造业方面参与价值链分工的程度出现了变化，东亚地区增强了劳动密集型制造业参与分工的程度。2003 年后金砖国家在劳动密集型制造业方面的增加值出口率出现下降，直到 2012 年增加值出口率上升到 75% 左右，说明在 2003 ~2012 年金砖国家地区在该行业参与价值链分工逐渐减少。在资本密集型制造业、劳动密集型服务业方面，四个地区的增加值出口率波动相似，欧盟 15 国依旧稍稍低于其他三个地区。在知识

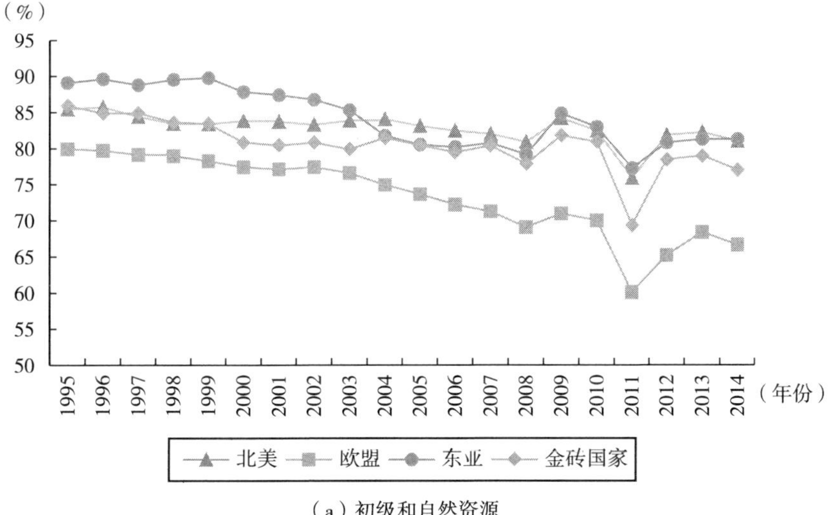

(a) 初级和自然资源

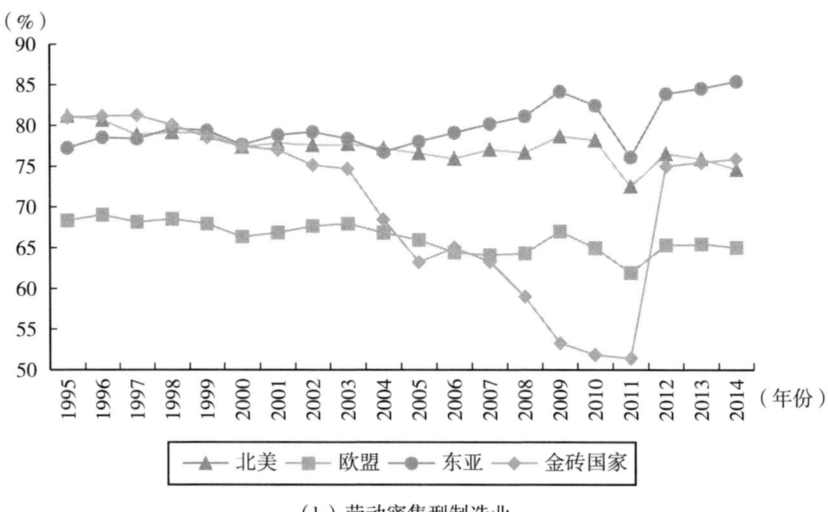

（b）劳动密集型制造业

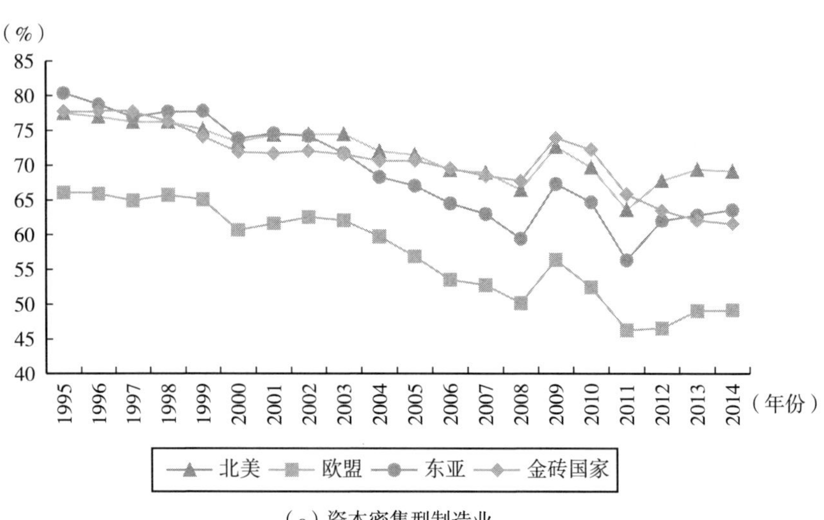

（c）资本密集型制造业

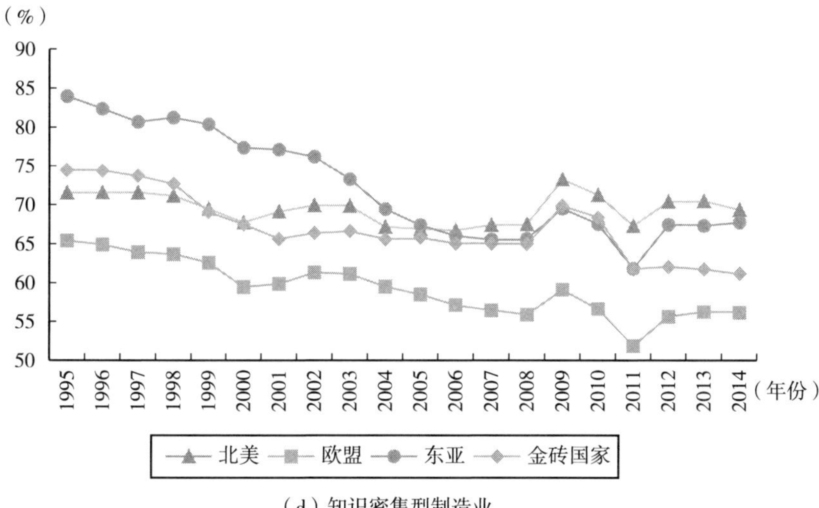

（d）知识密集型制造业

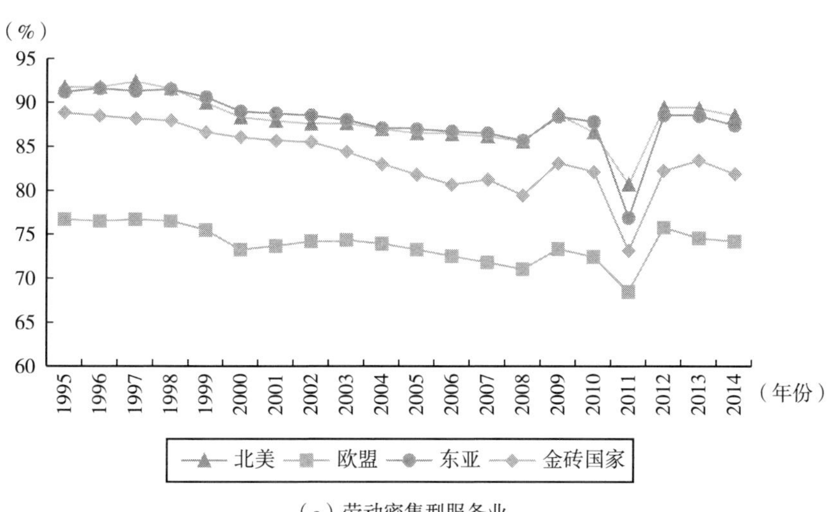

（e）劳动密集型服务业

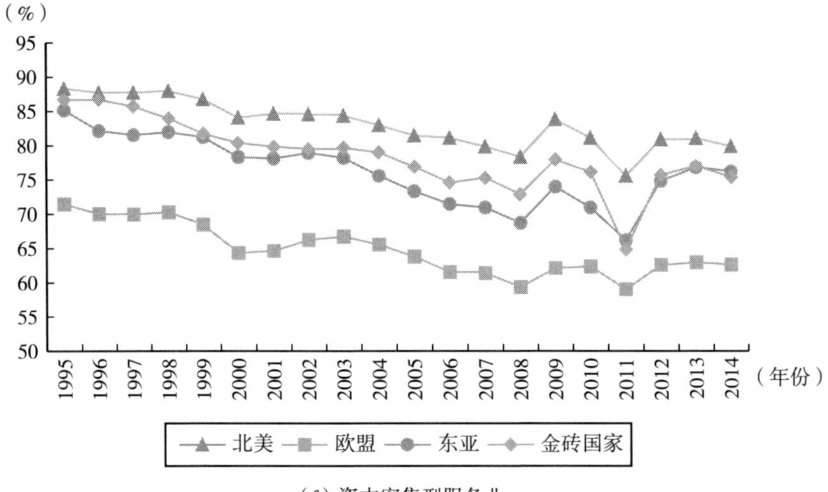

（f）资本密集型服务业

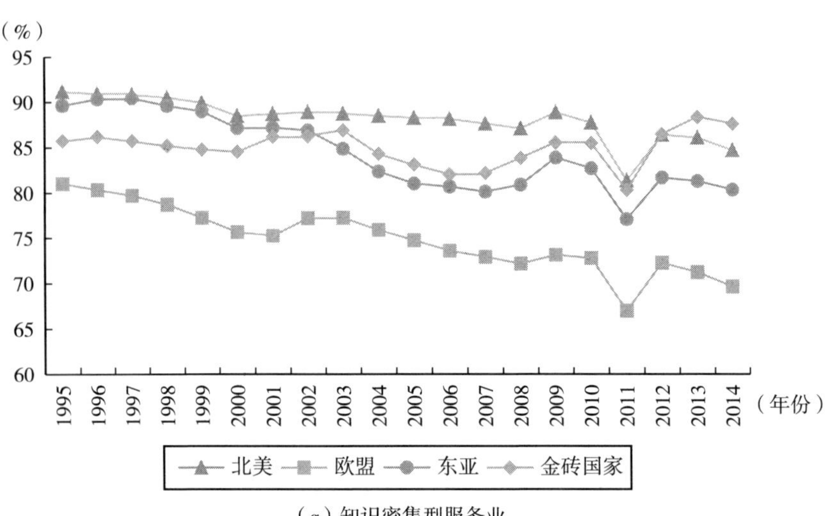

（g）知识密集型服务业

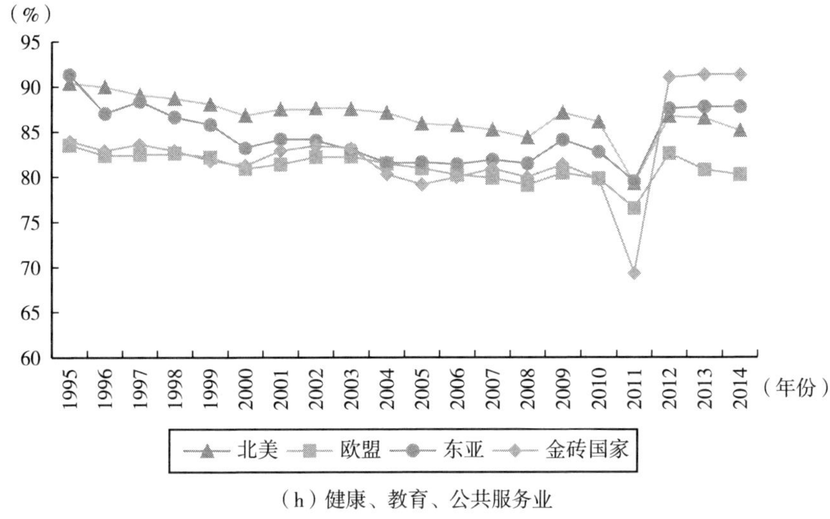

（h）健康、教育、公共服务业

图5－1　世界主要区域分行业的增加值出口率比较

密集型制造业方面，在1995～2004年，东亚地区在该行业的增加值出口率较其他三个地区有比较明显的优势，2004年后，北美地区增加值出口率增长较快并高于其他三个地区，但总体来看四个地区的增加值出口率比较接近。在资本密集型服务业、知识密集型服务业方面，北美地区的增加值出口率一直高于其他三个地区，说明北美地区在以上两个行业参与全球价值链分工方面具有明显优势。在健康、教育、公共服务业方面，四个地区的增加值出口率相近。

（三）世界主要区域的要素收入分配情况

在前面增加值出口测算的基础上，本书首先计算了四个地区劳动要素收入和资本要素收入在全部要素收入中的占比，从收入分配角度了解了四个地区基本情况。其次计算了高、中、低技能劳动的要素收入在全部要素收入中的占比情况，从不同劳动技能分类中了解四个地区的收入比例情况，如表5－3所示。在要素收入分配角度，1995年北美地区、欧盟15国、东亚地区和金砖国家劳动要素收入占全部劳动要素收入比例均值分别为60%、66%、69.2%和56.6%，四个地区的劳动要素收入在全部要素收入中的占比均高于资本要素收入在全部要素收入中的占比，说明四个地区参与全球价值链分工的大部分贸易利益能够惠及参与分工的劳动者，四个地区贸易的人本属性均较强。在不同技能的劳动要素收入分配方面，北美地区的劳动要素收入主要来源于高、中技能劳动要素收入，高、中技能劳动要素收入占全部要素收入的比例均值为56.2%，低技能劳动要素收入仅占全部要素收入的3.7%。到2009年，高技能劳动要素收入占比增长了3.7%，中技能劳动要素收入占比降低了3.9%，低技能劳动要素收入占比波动幅度较小。说明北美地区参与价值链分工的劳动要素以高技能、中技能劳动要素为主，低技能劳动要素参与较少。欧盟15国参与价值链分工的劳动要素主要以低技能劳动要素收入为主，占全部要素收入的29.6%，高、中技能劳动要素收入次之，占比分别为23.3%和12.2%，1995~2009年，高技能劳动要素占比逐渐增加，增长了4.8%，中技能劳动要素收入占比逐渐减少，减少了4.7%，低技能劳动要素收入占比波动较小。东亚地区劳动要素收入占全部要素收入的67%，是四个地区中劳动要素收入占比最高的地区，说明东亚地区参与价值链分工的贸易利得能够较多地惠及参与分工的劳动者。东亚地区主要以中、高技能劳动要素收入为主，低技能劳动要素收入占比最低。其中高技能劳动要素收入占比逐渐提高，1995~2009年增加了9.8%，中、低技能劳动要素收入占比逐渐减少，分别下降了6.4%、5.6%。金砖国家的劳动要素收入占全部要素收入的比重只有54%，说明金砖国家比其他三个地区的贸易人本属性低，劳动要素收入和资本要素收入分配差距不大。金砖国家参与价值链分工主要以中、低技能劳动要素为主，占全部要素收入的25.6%和13.2%，1995~2009年，中技能劳动要素收入占比逐渐增加，提高了3%，低技能劳动要素收入占比逐渐减少，降低了10.2%，高技能劳动要素收入占比逐渐提高，但增幅较缓慢，为4.2%。1995~2009年劳动要素收入占全部要素收入的比重在不断减少，高、中、低技能三种劳动要素收入占比情况能够说明，金砖国家在参与价值链分工过程中，逐渐减少了对低技能劳动要素参与价值链分工，提高中、高技能劳动要素参与价值链分工，

表 5-3　全球价值链分工下世界主要区域要素收入分配比重

单位：%

项目		1995年	2000年	2001年	2002年	2003年	2004年	2005年	2006年	2007年	2008年	2009年
北美地区	劳动要素	60.0	59.6	59.6	60.3	60.0	60.8	61.0	60.5	60.5	59.7	58.9
	高技能	23.5	23.7	24.1	25.1	24.9	26.2	26.8	26.4	26.8	27.4	27.2
	中技能	32.7	32.4	31.6	31.9	31.7	31.3	31.1	30.7	30.3	29.3	28.8
	低技能	3.7	3.6	3.8	3.4	3.4	3.3	3.2	33	3.4	3.0	2.9
	资本要素	40.0	40.4	40.4	39.7	40.0	39.2	39.0	39.5	39.5	40.3	41.1
欧盟15国	劳动要素	66.0	66.3	65.9	65.8	65.8	65.9	66.3	66.1	65.9	65.2	65.1
	高技能	18.5	19.0	19.3	20.0	20.6	21.3	21.9	22.3	22.1	23.0	23.3
	中技能	16.9	16.3	15.5	14.8	14.5	13.8	13.8	13.4	14.4	12.4	12.2
	低技能	30.6	31.1	31.1	30.9	30.7	30.8	30.6	30.4	29.4	29.8	29.6
	资本要素	34.0	33.7	34.1	34.2	34.2	34.1	33.7	33.9	34.1	34.8	34.9
东亚地区	劳动要素	69.2	69.8	69.0	67.9	66.6	66.3	67.6	66.9	67.3	66.4	67.0
	高技能	25.3	26.8	27.3	28.3	28.4	28.7	31.4	32.5	33.5	33.4	35.1
	中技能	34.0	33.9	33.2	32.1	31.0	31.0	30.3	29.2	29.0	28.5	27.6
	低技能	9.9	9.2	8.5	7.5	7.1	6.6	5.9	5.2	4.9	4.5	4.3
	资本要素	30.8	30.2	31.0	32.1	33.4	33.7	32.4	33.1	32.7	33.6	33.0

续表

项目		1995年	2000年	2001年	2002年	2003年	2004年	2005年	2006年	2007年	2008年	2009年
金砖国家	劳动要素	56.6	53.6	55.1	53.9	53.3	53.7	54.4	54.7	54.8	54.4	53.6
	高技能	10.6	10.1	10.6	10.8	11.1	12.1	13.0	13.8	14.6	14.9	14.8
	中技能	22.6	22.2	23.3	23.2	24.4	25.2	25.5	25.9	25.9	25.8	25.6
	低技能	23.4	21.4	21.2	19.9	17.8	16.3	15.9	15.0	14.4	13.7	13.2
	资本要素	43.4	46.4	44.9	46.1	46.7	46.3	45.6	45.3	45.2	45.6	46.4

但由于金砖国家在中、高技能劳动要素方面缺少人才与资源，在降低了低技能劳动要素参与价值链分工时并没有将中、高技能劳动要素更好地融入价值链分工中，导致了金砖国家劳动要素收入逐年减少的现象。

根据以上分析可知，四大地区在参与价值链分工过程中，都在不断努力提高高技能劳动要素参与价值链分工的能力。北美和东亚地区的劳动要素收入主要以中、高技能劳动要素收入为主，欧盟 15 国和金砖国家的劳动要素收入主要以低技能劳动要素收入为主，说明北美和东亚地区的中、高技能劳动要素比较丰富，具有比较优势，而欧盟 15 国和金砖国家的低技能劳动要素具有比较优势。

二、世界主要区域的劳动收入测度——分行业的考察

利用式（5.17），本书计算了价值链分工下八大行业的单位劳动要素收入，见表 5－4。从年度增长角度来看，世界主要地区的单位劳动要素收入均呈上涨态势，说明随着全球价值链分工的不断发展，各地区参与价值链分工贸易利益也在不断提高，参与分工的劳动要素能够提高要素收入，但各地区上涨的速度和幅度不尽相同，拉大了各地区劳动要素收入差距。首先从四个地区整体劳动要素收入来看，欧盟 15 国的单位劳动要素收入始终高于其他三个地区，且差距在不断拉大，其中北美地区单位劳动要素收入和欧盟 15 国的差距较小，东亚地区和金砖国家的收入差距巨大。1995 年，欧盟 15 国整体单位劳动要素收入的平均值为 7.6 美元/小时，北美地区为 3.2 美元/小时，东亚地区和金砖国家分别为 0.6 美元/小时和 0.1 美元/小时，北美地区、东亚地区和金砖国家与欧盟 15 国的收入差距为 4.4 美元/小时、7.0 美元/小时和 7.5 美元/小时。到 2009 年，欧盟 15 国整体单位劳动要素收入的平均值为 16.6 美元/小时，北美地区为 6.5 美元/小时，东亚地区和金砖国家分别为 0.8 美元/小时和 0.4 美元/小时，北美地区、东亚地区和金砖国家与欧盟 15 国的收入差距为 10.1 美元/小时、15.8 美元/小时和 16.2 美元/小时。四大地区的单位劳动要素收入差距在不断扩大。但从各地区单位劳

动要素收入增长率来看，欧盟地区、北美地区、东亚地区和金砖国家分别增加了 118%、100%、36%和 193%，可见金砖国家单位劳动要素收入增长率最高，说明金砖国家参与价值链分工程度逐渐增强。由于东亚地区和金砖国家单位劳动要素收入的基数比较低，因此造成了与欧盟 15 国、北美地区劳动要素收入差距不断拉大的局面。

表 5-4　　价值链分工下世界主要区域劳动要素单位收入的分行业比较

单位：美元/小时

年份	国家	初级产品	劳动密集型制造业	资本密集型制造业	知识密集型制造业	劳动密集型服务业	资本密集型服务业	知识密集型服务业	健康、教育、公共服务业
1995	北美	2.865	3.718	3.975	10.990	0.650	2.239	1.348	0.158
	欧盟 15 国	2.293	11.305	11.829	29.043	0.696	2.812	2.688	0.289
	东亚	0.017	0.562	0.491	2.627	0.112	0.442	0.355	0.053
	金砖国家	0.025	0.181	0.300	0.417	0.054	0.121	0.048	0.011
2000	北美	2.378	4.973	4.198	14.271	0.729	2.503	1.575	0.162
	欧盟 15 国	2.253	10.691	10.382	29.107	0.655	2.633	3.280	0.237
	东亚	0.013	0.591	0.490	2.963	0.170	0.472	0.455	0.029
	金砖国家	0.030	0.249	0.278	0.602	0.055	0.108	0.087	0.014
2005	北美	3.151	7.208	5.905	20.035	0.805	2.897	2.273	0.240
	欧盟 15 国	3.956	17.946	17.763	47.804	1.116	4.379	5.175	0.430
	东亚	0.020	0.692	0.667	3.488	0.189	0.497	0.612	0.022
	金砖国家	0.061	0.295	0.519	1.063	0.080	0.219	0.310	0.021
2006	北美	3.693	7.999	6.576	22.537	0.878	3.006	2.437	0.287
	欧盟 15 国	4.175	19.250	19.251	50.705	1.235	4.720	5.606	0.442
	东亚	0.020	0.850	0.697	3.342	0.206	0.498	0.766	0.023
	金砖国家	0.066	0.369	0.702	1.222	0.106	0.240	0.358	0.027
2007	北美	4.440	8.317	7.403	24.614	0.973	3.373	2.810	0.317
	欧盟 15 国	4.822	22.335	22.128	56.588	1.402	5.221	6.675	0.492
	东亚	0.024	0.940	0.741	3.514	0.215	0.531	0.896	0.024
	金砖国家	0.097	0.423	0.868	1.446	0.140	0.274	0.405	0.032

续表

年份	国家	初级产品	劳动密集型制造业	资本密集型制造业	知识密集型制造业	劳动密集型服务业	资本密集型服务业	知识密集型服务业	健康、教育、公共服务业
2008	北美	5.324	8.607	8.561	26.204	0.892	3.475	2.973	0.351
	欧盟 15 国	5.821	24.592	25.402	64.541	1.573	5.798	7.260	0.526
	东亚	0.027	1.040	0.829	3.709	0.234	0.548	1.036	0.026
	金砖国家	0.120	0.375	1.042	1.687	0.176	0.335	0.384	0.034
2009	北美	4.394	8.361	7.865	23.532	0.799	3.294	3.322	0.329
	欧盟 15 国	6.171	23.769	25.060	63.274	1.564	6.204	6.637	0.471
	东亚	0.027	0.923	0.717	3.153	0.186	0.462	0.873	0.021
	金砖国家	0.097	0.346	0.833	1.413	0.126	0.252	0.290	0.028

从不同行业下的单位劳动要素收入角度来分析各地区的劳动要素收入情况。在八大行业单位劳动要素收入方面，只是密集型制造业的劳动要素收入差距最大，健康、教育、公共服务业的劳动要素收入差距最小。其他行业的劳动要素收入差距由大到小分别为资本密集型制造业、劳动密集型制造业、初级产品、资本密集型服务业、知识密集型服务业和劳动密集型服务业。以劳动密集型制造业、资本密集型制造业和知识密集型制造业为例，1995～2009 年北美地区与欧盟 15 国在三大行业上劳动要素收入差距由 7.6 美元/小时、7.9 美元/小时和 18.1 美元/小时分别扩大到 15.4 美元/小时、17.2 美元/小时和 39.7 美元/小时；东亚地区与欧盟 15 国在三大行业上劳动要素收入差距由 10.7 美元/小时、11.3 美元/小时和 26.4 美元/小时分别扩大到 22.8 美元/小时、24.3 美元/小时和 60.1 美元/小时，与北美地区在三大行业上劳动要素收入差距由 3.2 美元/小时、3.5 美元/小时和 8.4 美元/小时分别扩大到 7.4 美元/小时、7.1 美元/小时和 20.4 美元/小时；金砖国家与欧盟 15 国在三大行业上劳动要素收入差距由 11.1 美元/小时、11.5 美元/小时和 28.6 美元/小时分别扩大到 23.4 美元/小时、24.2 美元/小时和 61.8 美元/小时，与北美地区在三大行业上劳动要素收入差距由 3.5 美元/小时、3.7 美元/小时和 10.6 美元/小时分别扩大到 8.0 美元/小时、7.0 美元/小时

和22.1美元/小时。北美地区与欧盟15国在以上三大行业中的劳动要素差距也在扩大，但差距相对于其他两个地区而言较少。通过以上分析可以清晰地看到价值链分工下世界地区间要素收入分配的差距，价值链的分工地位和层次决定了贸易利益的分配，即欧盟15国在全球价值链分工下的劳动要素收入最高，要素所有者获得贸易利益最大，北美地区和东亚地区次之，金砖国家劳动要素收入最低，即地区参与价值链分工层次越高，则贸易利益越高，参与价值链分工层次越低，则贸易利益越低。

三、世界主要区域的劳动收入测度——分技能的考察

该小节进一步区分了不同劳动要素的分行业单位收入情况，主要包括高、中、低三种技能劳动要素，如表5-5～表5-7所示。从三种技能劳动要素收入整体来看，其劳动要素收入基本均为上升趋势，其中高技能劳动要素收入增长速度最快，整体上涨幅度也最大。在高、中、低三种技能劳动要素收入差距方面，欧盟15国依旧是各技能劳动要素在各行业中的收入最高，北美地区和东亚地区次之，金砖国家收入最低。在细分了不同技能劳动要素后，笔者发现价值链分工下的贸易利益分配不仅仅体现在不同地区的劳动要素收入和资本要素收入之间，还表现在劳动要素的内部。因此，对高、中、低三种技能劳动要素收入的分析主要体现在三种技能间的劳动要素收入的对比情况。

表5-5 全球价值链分工下世界主要区域高技能劳动要素单位收入的分行业比较

单位：美元/小时

年份	区域	初级产品	劳动密集型制造业	资本密集型制造业	知识密集型制造业	劳动密集型服务业	资本密集型服务业	知识密集型服务业	健康、教育、公共服务业
1995	北美	4.278	6.295	5.406	15.208	0.908	2.230	1.793	0.179
	欧盟15国	5.197	19.132	18.935	47.304	0.982	2.979	3.630	0.315
	东亚	0.207	3.154	2.166	9.979	0.407	0.735	0.693	0.099
	金砖国家	0.101	0.727	1.080	0.983	0.053	0.074	0.116	0.013

续表

年份	区域	初级产品	劳动密集型制造业	资本密集型制造业	知识密集型制造业	劳动密集型服务业	资本密集型服务业	知识密集型服务业	健康、教育、公共服务业
2000	北美	3.176	8.164	5.747	20.499	1.135	2.815	2.188	0.190
	欧盟15国	5.009	17.480	16.286	46.919	0.942	2.661	4.334	0.265
	东亚	0.124	3.054	1.917	9.573	0.642	0.818	0.728	0.066
	金砖国家	0.094	0.848	0.812	1.220	0.042	0.047	0.184	0.013
2005	北美	4.401	11.609	8.045	27.209	0.973	2.638	3.205	0.279
	欧盟15国	8.528	28.710	27.122	74.680	1.537	4.384	6.760	0.486
	东亚	0.174	2.995	2.481	9.782	0.666	0.900	0.877	0.044
	金砖国家	0.185	1.000	1.315	1.909	0.060	0.072	0.601	0.018
2006	北美	5.242	13.035	9.109	31.073	1.067	2.868	3.463	0.337
	欧盟15国	8.634	30.059	28.823	77.929	1.749	4.674	7.291	0.503
	东亚	0.143	3.041	2.489	9.025	0.716	0.855	1.069	0.044
	金砖国家	0.227	1.136	1.624	2.134	0.077	0.104	0.688	0.022
2007	北美	5.697	13.602	10.195	34.087	1.157	3.208	3.909	0.362
	欧盟15国	9.496	35.060	33.076	86.706	1.962	5.089	8.552	0.555
	东亚	0.141	3.484	2.869	10.091	0.789	0.889	1.231	0.049
	金砖国家	0.340	1.278	2.140	2.580	0.105	0.135	0.765	0.026
2008	北美	7.525	14.585	12.186	36.799	1.034	3.408	4.139	0.416
	欧盟15国	11.223	38.131	37.368	97.961	2.281	5.868	9.454	0.617
	东亚	0.170	3.418	2.982	9.997	0.836	0.889	1.399	0.053
	金砖国家	0.457	1.114	2.603	2.884	0.124	0.153	0.729	0.029
2009	北美	5.889	14.465	11.234	31.793	0.894	3.113	4.531	0.385
	欧盟15国	11.564	37.718	36.612	96.155	2.262	6.225	8.652	0.532
	东亚	0.149	2.898	2.716	8.800	0.675	0.758	1.170	0.042
	金砖国家	0.486	0.935	2.086	2.493	0.104	0.147	0.568	0.025

表 5－6　全球价值链分工下世界主要区域中技能劳动要素单位收入的分行业比较　单位：美元/小时

年份	区域	初级产品	劳动密集型制造业	资本密集型制造业	知识密集型制造业	劳动密集型服务业	资本密集型服务业	知识密集型服务业	健康、教育、公共服务业
1995	北美	2.835	3.814	3.928	9.914	0.658	2.228	1.077	0.151
	欧盟15国	3.102	12.915	12.492	30.082	0.777	2.862	2.360	0.284
	东亚	0.047	0.783	0.678	3.094	0.124	0.482	0.263	0.050
	金砖国家	0.028	0.323	0.484	0.436	0.024	0.033	0.068	0.016
2000	北美	2.458	5.030	4.142	12.230	0.725	2.418	1.146	0.148
	欧盟15国	3.043	12.084	10.785	29.612	0.735	2.686	2.905	0.221
	东亚	0.048	0.784	0.634	3.313	0.176	0.515	0.339	0.023
	金砖国家	0.029	0.400	0.392	0.624	0.022	0.029	0.089	0.017
2005	北美	3.301	7.177	5.763	17.247	0.854	2.961	1.618	0.221
	欧盟15国	5.075	19.996	18.128	47.051	1.243	4.547	4.427	0.402
	东亚	0.061	0.885	0.884	3.907	0.181	0.537	0.442	0.019
	金砖国家	0.057	0.458	0.832	1.305	0.032	0.043	0.181	0.028
2006	北美	3.811	8.047	6.447	18.879	0.933	3.035	1.673	0.262
	欧盟15国	5.319	21.417	19.773	50.297	1.379	4.979	4.803	0.409
	东亚	0.054	1.065	0.933	3.764	0.195	0.539	0.544	0.019
	金砖国家	0.072	0.540	0.999	1.441	0.042	0.055	0.212	0.035
2007	北美	4.728	8.341	7.225	20.536	1.030	3.419	1.955	0.292
	欧盟15国	6.068	24.536	22.518	55.566	1.553	5.454	5.788	0.452
	东亚	0.054	1.173	0.992	3.930	0.206	0.584	0.613	0.020
	金砖国家	0.104	0.594	1.240	1.697	0.054	0.071	0.247	0.043
2008	北美	5.561	8.322	8.202	21.309	0.946	3.483	2.028	0.315
	欧盟15国	7.265	26.879	25.700	62.955	1.700	5.953	6.065	0.460
	东亚	0.066	1.281	1.094	4.154	0.227	0.607	0.707	0.022
	金砖国家	0.142	0.527	1.520	1.866	0.064	0.081	0.252	0.046

续表

年份	区域	初级产品	劳动密集型制造业	资本密集型制造业	知识密集型制造业	劳动密集型服务业	资本密集型服务业	知识密集型服务业	健康、教育、公共服务业
2009	北美	4.469	7.879	7.444	19.426	0.844	3.342	2.292	0.297
	欧盟15国	7.788	25.748	25.310	60.984	1.675	6.292	5.476	0.428
	东亚	0.052	1.132	0.959	3.510	0.180	0.511	0.594	0.018
	金砖国家	0.133	0.465	1.319	1.529	0.054	0.076	0.214	0.040

表5-7　全球价值链分工下世界主要区域低技能劳动要素单位收入的分行业比较

单位：美元/小时

年份	区域	初级产品	劳动密集型制造业	资本密集型制造业	知识密集型制造业	劳动密集型服务业	资本密集型服务业	知识密集型服务业	健康、教育、公共服务业
1995	北美	1.929	2.435	2.536	7.154	0.372	2.396	0.573	0.136
	欧盟15国	1.665	8.631	9.045	21.697	0.559	2.671	2.027	0.265
	东亚	0.013	0.407	0.269	1.122	0.042	0.322	0.224	0.035
	金砖国家	0.008	0.145	0.172	0.375	0.009	0.030	0.031	0.018
2000	北美	1.518	3.026	2.408	8.756	0.362	2.305	0.597	0.147
	欧盟15国	1.547	7.562	7.486	20.440	0.486	2.533	2.110	0.221
	东亚	0.010	0.423	0.260	1.217	0.051	0.291	0.380	0.021
	金砖国家	0.009	0.190	0.147	0.504	0.008	0.021	0.043	0.022
2005	北美	1.498	4.135	3.295	9.894	0.398	3.175	0.719	0.185
	欧盟15国	2.547	12.016	12.145	32.621	0.810	4.079	3.268	0.371
	东亚	0.016	0.532	0.328	1.422	0.052	0.267	0.628	0.013
	金砖国家	0.014	0.226	0.242	0.786	0.012	0.027	0.118	0.032
2006	北美	1.804	4.390	3.471	11.647	0.431	3.227	0.754	0.222
	欧盟15国	2.719	12.848	13.081	34.206	0.872	4.304	3.519	0.386
	东亚	0.016	0.683	0.349	1.445	0.054	0.269	0.902	0.013
	金砖国家	0.016	0.281	0.293	0.836	0.017	0.034	0.138	0.040

续表

年份	区域	初级产品	劳动密集型制造业	资本密集型制造业	知识密集型制造业	劳动密集型服务业	资本密集型服务业	知识密集型服务业	健康、教育、公共服务业
2007	北美	2.059	4.483	3.988	13.108	0.496	3.541	0.915	0.258
	欧盟15国	3.172	14.865	15.090	38.437	1.004	4.925	4.197	0.442
	东亚	0.021	0.766	0.374	1.615	0.055	0.284	1.223	0.012
	金砖国家	0.021	0.319	0.431	1.022	0.024	0.046	0.173	0.050
2008	北美	2.566	4.902	4.602	13.986	0.425	3.669	0.962	0.269
	欧盟15国	3.849	16.293	17.411	43.625	1.127	5.446	4.488	0.466
	东亚	0.022	0.858	0.431	1.774	0.060	0.295	1.424	0.013
	金砖国家	0.024	0.283	0.524	1.082	0.027	0.049	0.170	0.052
2009	北美	2.421	4.760	4.369	11.123	0.412	3.509	1.072	0.266
	欧盟15国	4.010	15.389	16.941	42.112	1.118	6.016	4.111	0.419
	东亚	0.024	0.770	0.359	1.527	0.049	0.247	1.230	0.011
	金砖国家	0.022	0.260	0.440	0.859	0.021	0.043	0.138	0.044

首先，从三种技能劳动要素收入在行业间分布特点来看，要素收入最高的依旧是知识密集型制造业，然后是资本密集型制造业、劳动密集型制造业、初级产品、资本密集型服务业、知识密集型服务业和劳动密集型服务业，健康、教育、公共服务业的要素收入仍然为八大行业中的最低收入。从行业比较来看，高、中、低技能劳动要素在制造业的收入较高，在服务行业的收入较低，从数据看起来让人感到费解与迷惑。通过进一步的分析，出现该现象的主要问题是由于WIOD数据库在进行产业分类时，对制造业中存在的服务环节很难分离出来按照服务业进行核算，因而在劳动要素收入方面，制造业中的部分劳动要素收入是计算到服务业中的。

其次，从三种技能劳动要素收入间的对比分析角度来看，高技能劳动要素收入的上升趋势更加明显，单位劳动要素的收入也是最高的，中技能劳动要素收入次之，低技能劳动要素单位收入最低。以资本密集型制造业为例，1995～2009年，北美地区、欧盟15国、东亚地区和金砖国家的高技能劳动要素单位收入分别增加了5.858美元、17.677美元、0.55美元、1.006美元，分别增长了107%、93%、25%和93%，东亚地区增长幅度最小，进一步扩大了与北美地区和欧盟15国的差距，说明北美地区和欧盟15国在高技能劳动要素方面具有比较优势，在参与价值链分工中的地位更高，因此所获得的贸易利益越多；在中技能劳动要素单位收入方面，北美地区、欧盟15国、东亚地区和金砖国家分别增加了3.516美元、12.818美元、0.281美元、0.835美元，分别增长了89%、102%、41%和172%，金砖国家中低技能劳动要素收入方面增长幅度最大，说明金砖国家中技能劳动要素参与价值链分工程度不断深化，并且具有很大提高。在低技能劳动要素单位收入方面，北美地区、欧盟15国、东亚地区和金砖国家分别增加了1.833美元、7.896美元、0.09美元、0.268美元，分别增长了72%、87%、33%和156%，金砖国家在低技能劳动要素收入方面增长幅度依旧最大，真实体现了金砖国家近年来参与全球价值链分工的主要劳动要素为中、低技能劳动要素，符合金砖国家在全球价值链分工中的角色与定位。各地区高技能与中低技能劳动要素单位收入之间的差距越来越大，1995～2009年的北美地区、欧盟15国、东亚地区和金砖国家的高技能劳动单位要素收入与中技能劳动要素单位收入的差距分别增加了2.312美元、4.859美元、0.269美元和0.171美元，与低技能劳动要素单位收入的差距分别增加了3.995美元、9.781美元、0.46美元和0.738美元，可见高技能劳动要素单位收入与低技能劳动要素单位收入之间的差距最大，分别扩大了2.2倍、1.2倍、5.1倍和2.8倍，且东亚地区和金砖国家的高、低技能劳动要素单位收入差距越来越大。可以说明，各地区都在不断努力提高高技能劳动要素参与全球价值链分工的能力。

第三节 全球价值链分工下我国劳动收入的典型事实

一、我国的增加值出口与要素收入分配

（一）我国的增加值出口特征事实

表 5 – 8 分别为世界典型国家增加值出口情况和增加值出口率，从增加值出口额角度来观察各国的出口规模，从增加值出口率来考察各国单位出口中包含本国增加值的情况，进而能够进一步反映各国融入全球价值链的广度和深度。在增加值出口额方面，自 2011 年起，中国的增加值出口额就已经超过美国，成为世界最大的增加值出口国。截至 2014 年，中国、美国和德国的增加值出口额均超过了 10000 亿美元，日本和英国的增加值出口额在 5000 亿美元以上，韩国、印度和巴西分别为 3901 亿美元、2545 亿美元和 1920 亿美元。大部分国家的增加值出口额都在不断上升，只有日本和印度在 2014 年出现了小幅度降低，但整体增加值出口额体量变化不大。在地区排名中，由于欧盟 15 国包括的国家比较多，所以其增加值出口额最多，但经过国家间的对比能够了解到东亚地区和北美地区的增加值出口额处在比较领先的位置，且国家间增加值出口额的排名情况与各国贸易总额的排名情况基本一致，说明增加值贸易已经成为各国贸易的主要方式，增加值贸易能够更好地反映出世界贸易的整体发展。中国作为本书主要的分析主体，目前来看中国的增加值出口规模巨大，呈现较好的发展趋势，年均增速达到了 63.8%，增长速度惊人。由于增加值出口额只能反映出一国参与全球价值链分工的规模，不能够反映出一国融入全球价值链的广度与深度。因此，继续通过增加值出口率来进一步衡量中国与其他国家参与全球价值

链分工程度。1995～2014年，中国与其他主要国家的增加值出口率均呈现出先下降、后上升的U形发展路径。这与上面对各地区的增加值出口率结论一致，各国的增加值出口率下降是由于随着价值链的发展与扩散，价值链分工的产业范围不断向各个国家扩大，价值链分工环节由最初的行业间分工到产业内分工，加工环节也在不断增加，因此使得各个国家的增加值出口率都出现了一定程度的下降。在2012年，各国的增加值出口率出现了整体上升，说明各国在参与全球价值链的产业逐渐提升，分工广度也在持续扩大。同时，随着技术进步与发展，融入全球价值链的深度也在不断加强，表现为各国的增加值出口额和增加值出口率持续提升。从2014年来看，美国是增加值出口率最高的国家，增加值出口率为78.2%，中国次之为77.2%，日本、英国、巴西和印度分别在70%上下浮动，德国增加值出口率在63.9%，韩国增加值出口率最低为55.9%。增加值出口率越高，说明参与价值链分工所获得的贸易利益越大，要素收入也较高。中国增加值出口率变动趋势以两件大事为节点：第一节点在中国2001年加入世界贸易组织之后，在2001年前，中国没有广泛地参与全球价值链分工，更不会在某行业或某领域深入地参与全球价值链分工，因此中国出口中包含的国内增加值比较多，增加值出口率保持在80%左右，2001年后，增加值出口率逐渐降低保持在68%左右。第二节点在金融危机发生后，中国参与全球价值链分工的广度和深度持续加强，且此时中国的产业转型升级和贸易转型均取得了重大的突出成就，提高了中国在全球价值链分工中的地位，表现在中国的增加值出口率在不断上升，进一步增加了参与分工的贸易利益。

表5－8　世界典型国家的增加值出口额和增加值出口率的国际比较

项目	国家	1995年	2000年	2005年	2010年	2011年	2012年	2013年	2014年
增加值出口额（亿美元）	中国	1361	2185	5745	12706	13912	16427	17516	18726
	美国	6320	7725	9192	12767	13296	14415	14730	15075
	日本	4330	4401	5310	6572	6419	6534	5710	5625
	韩国	987	1186	1854	2710	2840	3459	3717	3901

续表

项目	国家	1995 年	2000 年	2005 年	2010 年	2011 年	2012 年	2013 年	2014 年
增加值出口额（亿美元）	德国	4210	4101	7048	8703	9130	9807	10388	10745
	英国	2177	2674	3900	4271	4411	5027	5157	5307
	巴西	440	474	968	1723	1940	2108	2086	1920
	印度	341	510	1101	2113	2165	2497	2632	2545
增加值出口率（%）	中国	81.0	78.2	68.7	72.9	66.7	76.2	76.4	77.2
	美国	82.6	78.6	77.4	78.1	72.2	78.7	78.9	78.2
	日本	89.5	85.8	81.2	78.7	71.7	74.7	71.8	68.8
	韩国	66.6	59.6	56.5	52.2	46.4	51.6	54.1	55.9
	德国	72.8	66.7	64.3	62.5	57.0	63.4	64.0	63.9
	英国	71.9	70.6	71.2	69.2	62.9	68.0	71.0	70.6
	巴西	78.8	73.7	72.2	74.0	65.9	73.1	72.5	71.0
	印度	80.8	75.4	69.8	68.5	64.0	69.9	69.1	68.9

（二）我国增加值出口率特征——分行业考察

为了更直接地反映中国与其他国家融入全球价值链的广度和深度，本小节通过对中国及其他国家增加值出口率的对比来分析各国参与全球价值链分工程度。从图 5－2 的结果来看，各国增加值出口率在八大行业的变动幅度较一致，说明各国在八大行业参与价值链分工的整体趋势比较相似，但由于增加值出口率的不同，就意味着参与价值链分工的程度也有所不同。接下来将中国与其他典型国家增加值出口率在不同行业内的国家间比较，进一步了解中国在不同行业的优势与劣势。

在初级产品行业，1995～2009 年印度的增加值出口率最高，平均达到了 90% 左右，中国次之，平均在 85% 左右，则中国和印度在初级产品行业中出口内包含的国内增加值比较多，说明中国和印度在该行业中具有比较优势。其他国家虽然在该行业中的增加值出口率没有像中国和印度那么高，但整体变化幅度与其他国家相一致，说明在初级产品行

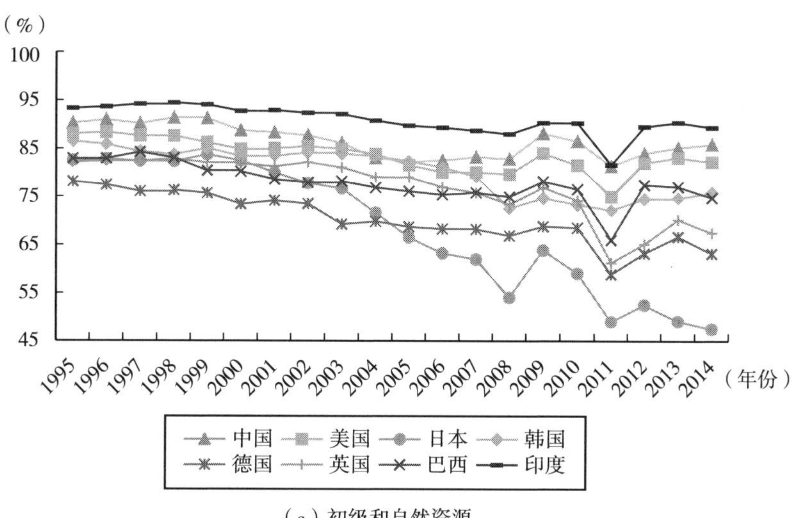

（a）初级和自然资源

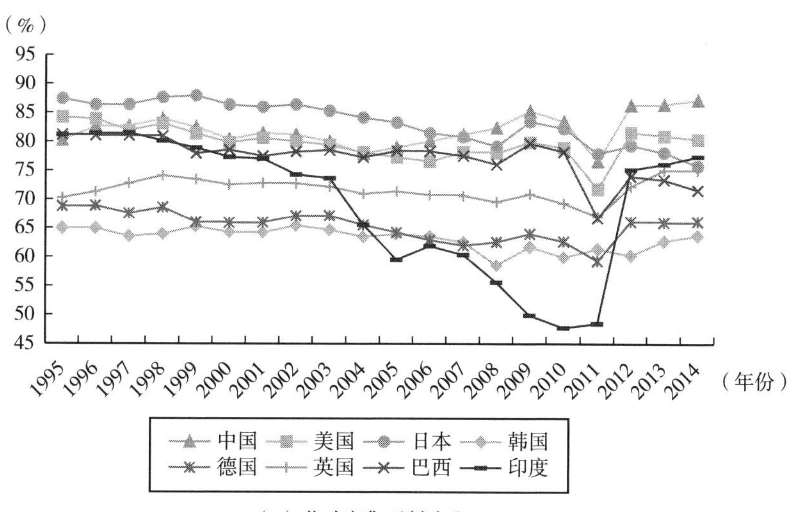

（b）劳动密集型制造业

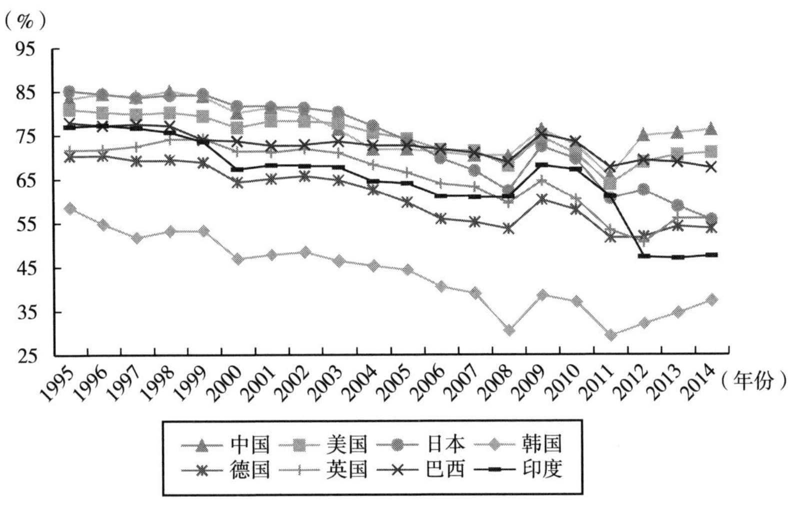

(c) 资本密集型制造业

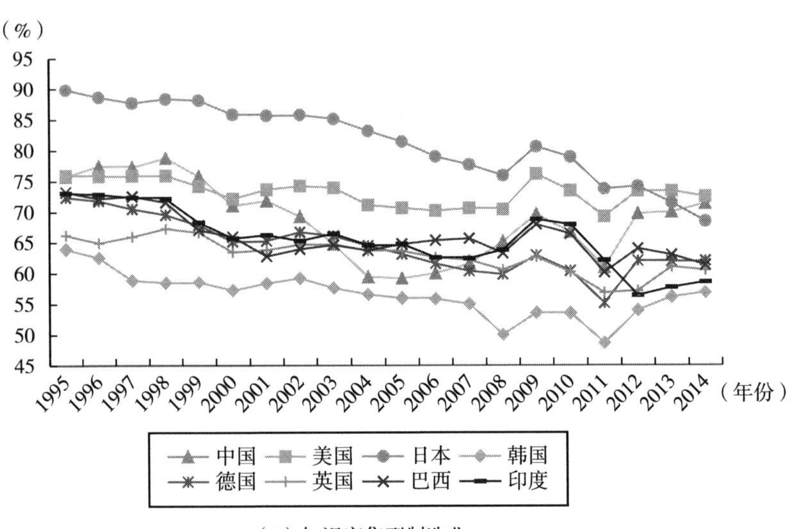

(d) 知识密集型制造业

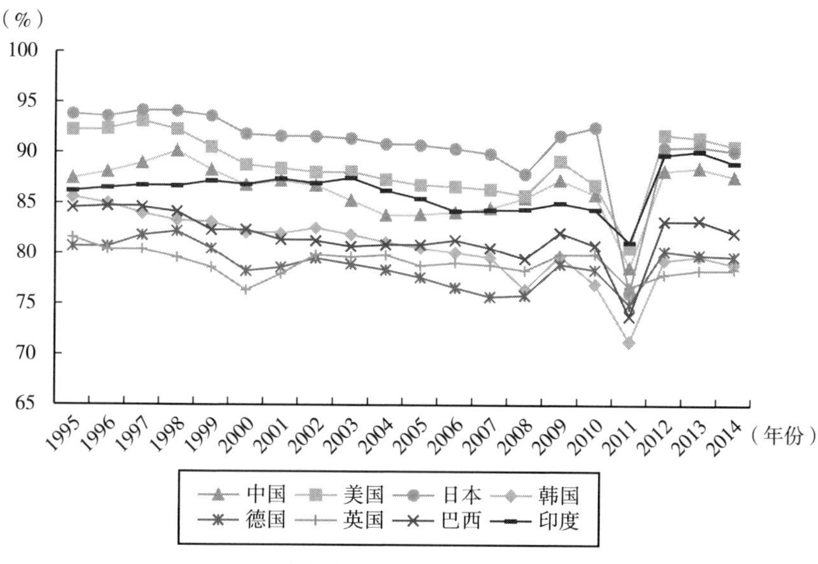

（e）劳动密集型服务业

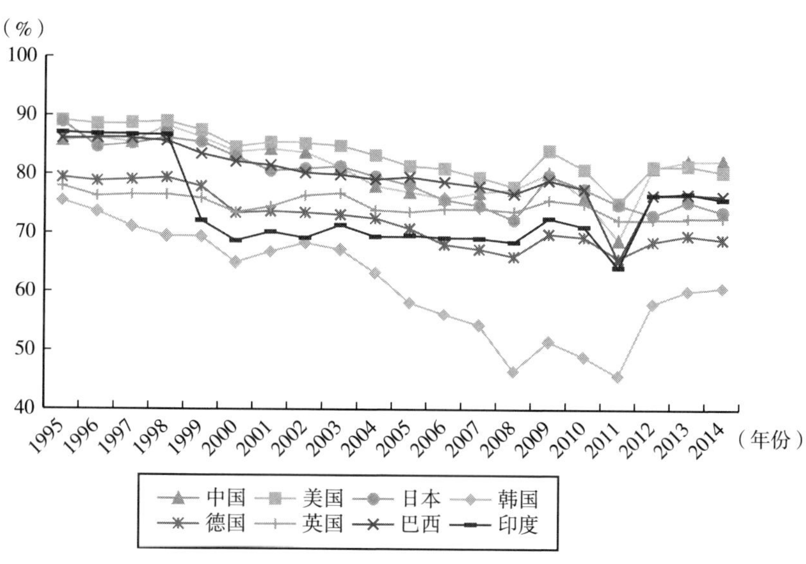

（f）资本密集型服务业

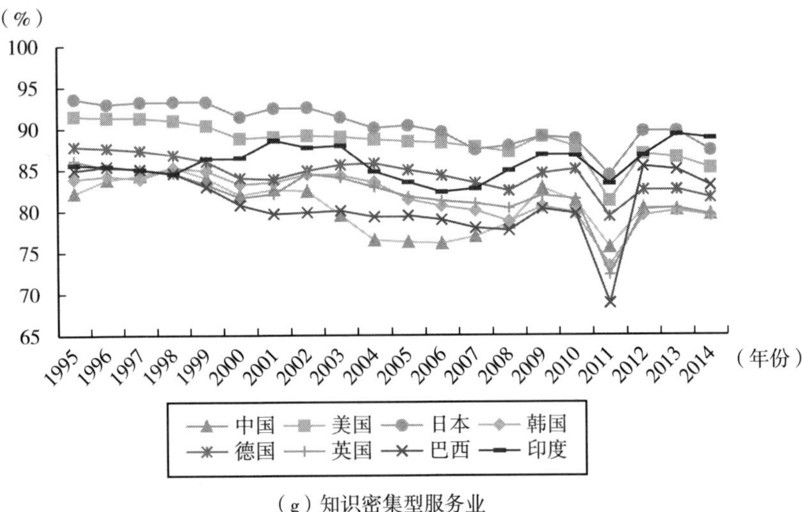

（g）知识密集型服务业

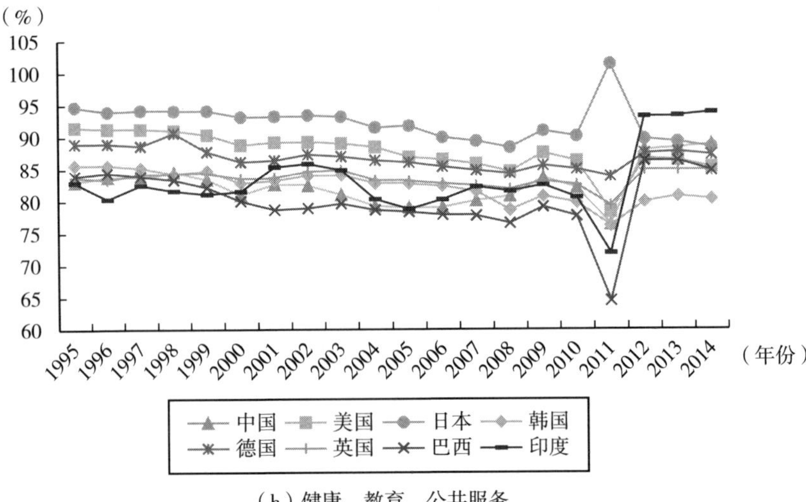

（h）健康、教育、公共服务

图 5－2　中国与典型国家分行业增加值出口率国际比较

业参与全球价值链分工中处于比较稳定的状态。值得一提的是日本，日本的增加值出口率变化幅度与其他国家相比截然不同，日本的增加值出口率由 1995 年的 83% 一直下降到 2009 年的 49%，日本在初级产品行业中参与价值链分工逐渐减少，尤其在 2004 年后出现了大幅度下降，这与日本在该时期实现了国家产业结构调整与经济发展具有重要联系。

在劳动密集型制造业方面，1995～2009年日本在早期一直处于领先优势，增加值出口率达到了88%左右，直到2006年后才出现了小幅度的下降，2014年，日本在该行业的增加值出口率为76%，说明日本最早在劳动密集型制造业方面参与价值链分工较多，在2006年后逐渐降低了该行业的价值链分工。中国最初在该行业参与全球价值链分工的增加值出口率平均在80%左右，居于各国的中间位置，直到2004年中国增加值出口率出现稳步上升，成为各国在劳动密集型制造业中的增加值出口率最高，说明在该行业，中国参与价值链分工程度在不断提高，与中国近年来加工制造业的高度发展现状相一致。其他国家在该行业的增加值出口率平均在70%左右，变动幅度不大。其中印度的波动幅度最大，在1995年其国内增加值达到了80%，2003年出现了大幅度下降，在2011年下降到了最低点其增加值出口率只有49%，2011年后又大幅度上升至78%，近两年增加较缓慢，印度在该行业出现强大的波动主要由于在2003年后，中国凭借大量的优惠政策和廉价的劳动力优势，提高了该行业参与价值链分工的地位，同时也受国际金融危机的影响，导致印度在劳动密集型制造业的增加值出口率大幅度下降；后期增加值出口率的快速增长也是由于印度利用自己本国的比较优势，积极参与该行业价值链分工，此时中国劳动力的比较优势不明显，价值链分工也更加倾向了比中国在该行业有比较优势的印度。

在资本密集型制造业行业，中国在该行业的增加值出口率较高，维持在80%左右，2011年后成为各国中增加值出口率最高的国家，在该行业参与价值链分工中程度最高，出口中包含的国内增加值最多，这与中国经济快速发展、充分吸引外资有一定的关系。其次，日本在初期的增加值出口率始终保持在80%左右，但整体走势逐渐降低，说明日本逐渐减少了参与该行业的价值链分工，这与日本近年来出现投资流失现象相呼应。美国、巴西的增加值出口率虽低于中国和日本，但增加值出口率也保持在较高位置，尤其是2011年后，两国的增加值出口率均出现上涨情况，这与美国制造业回归、巴西大力度吸引外资具有一定的关系。

在知识密集型制造业方面，日本的增加值出口率一直保持在领先位置，但整体趋势走向却在不断下降。美国的增加值出口率平均保持在75%左右，虽没有日本在早年间的增加值出口率高，但整体波动幅度不大，说明美国在该行业价值链分工中地位保持不变，依旧具有较强优势。中国在行业的增加值出口率在1995～2000年仅次于日本的增加值出口率，且保持在80%左右，2001年后中国的增加值出口率逐年下降，2004年达到最低比率在60%，随后有所上涨但幅度不大，直到2011年中国在知识密集型制造业的增加值出口率在不断上升。中国在该行业出现以上波动与中国加入世界贸易组织具有很大关系。其他国家增加值出口率差距不大，且变化幅度都比较稳定。说明随着各国经济转型发展，各国都在不断向价值链中高端进行迈进，各国参与知识密集型制造业价值链分工的程度不断加深，日本在最初建立的比较优势也在不断弱化。

在劳动密集型服务业方面，日本和美国一直处于领先位置，中国和印度次之。该行业各国的增加值出口率虽有差距，但差距与制造业相比较小，且发展趋势比较一致，在此就不进行一一分析。

在资本密集型服务业方面，美国的增加值出口率一直处于最高位置，中国、日本和巴西次之，其余各国虽有差距，但各国的发展趋势呈现出整体下降的趋势。其中印度和韩国的波动幅度最大，首先，印度在1998年的增加值出口率出现了大幅度下降，之后一直保持在相对平稳的状态，直到2012年，其增加值出口率出现了大幅度上升后又进入了一段相对稳定的阶段。其次，韩国在该行业的增加值出口率一直处于最低位置，与美国、中国、日本等国家都具有较大差距，说明韩国在该行业参与价值链分工不足。

在知识密集型服务业和健康、教育、公共服务业方面，各国的增加值出口率差距较小，变动幅度较一致。主要即日本和美国在两个行业的增加值出口率一直保持在90%以上，德国、韩国、英国次之保持在85%左右，中国、巴西、印度处于较低位置，平均保持在80%左右。

通过以上分析可知，各国相比来说，美国、日本是增加值出口率较高的国家，其获得贸易利益越强，贸易利得最大，因此参与价值链分工的要素收入也最高。对于中国来说，各行业增加值出口率变动主要有两大重要节点，分别是加入世界贸易组织和国际金融危机，这两大重要节点清晰地表明了中国参与价值链分工的模式变化。在加入世界贸易组织之前，中国并没有广泛地参与全球价值链分工，更不用提参与价值链分工的程度，因此中国在此之前的出口中国内增加值比较高。加入世界贸易组织后，中国利用劳动力廉价的比较优势参与全球价值链分工，以加工贸易方式更广泛地参与价值链分工，使得部分行业的增加值出口率在逐年降低。近年来，尤其是国际金融危机发生后，我国的产业转型升级取得了重要进展，贸易转型取得了重大突破，从而进一步提升了我国参与价值链分工程度，我国在价值链分工中的地位也在逐步攀升，各行业的增加值出口率都在不断增加，提高了我国参与分工的贸易利得，增加了贸易收益。

（三）我国要素收入分配情况

在表5-8计算的基础上，本节进一步测算了中国与其他国家劳动要素收入和资本要素收入占整体要素收入比例（见表5-9），且将劳动要素分为了高、中、低三种技能劳动要素，测算了高、中、低技能劳动要素收入占整体要素收入的比重。计算结果显示，中国劳动要素收入占比维持在42%左右，是所测算所有国家中劳动要素收入占比最低的国家。其中韩国劳动要素收入占比最高，平均保持在74%左右，其他国家劳动要素收入平均占比依次为英国68%、德国66%、美国60%、日本57%、巴西55%和印度52%，说明中国参与全球价值链分工的贸易利益主要来源于资本要素收益，纯粹地由劳动要素创造的增加值比重比较低。不管是劳动要素收入还是资本要素收入，在全球价值链分工下，一国的贸易利益需要考虑的是生产要素的国民属性。从劳动要素和资本要素收入分配比重角度来看，中国的劳动要素收入占比低于资本要素收入占比，而其他国家的劳动要素收入占比都高于资本要素收入占比，说明大多数国家在参与价值链分工中获取利益的主要要素来源于劳动要素，资本要素次之。而中国与其他国家正好相反，中国是资本要素参与价值链分工获得的利益较高，劳动要素参与价值链分工获得的利益较低。然而值得注意的是，中国是外资流入大国，因此价值链分工下中国的资本收益很大一部分是由外资创造的，也就是说中国资本要素收益占比虽然较高，但由于大多数的资本要素均来自其他国家，因此外资创造的要素收益自然也要归属于外资来源国。由此导致中国参与价值链分工的要素收入处于两难境地。一方面，中国要素收益主要来源于资本要素收入，劳动要素收入偏低；另一方面，中国的资本要素收入虽然比较高但大多不属于中国资金，要素收益更多地归属于投资国。从这一点就能够看出，中国参与价值链分工的劳动要素获取贸易利益的能力较低。

从各类技能劳动要素收入比重来看，韩国高级技能劳动要素收入占要素收入比重最高，平均在44%左右，中技能劳动要素收入占比次之，在25%左右，低技能劳动要素收入占比最低，只有5%左右，在劳动要素收入中以高技能和中技能劳动要素收入为主。可见韩国在参与价值链分工过程中，高技能劳动要素参与全球价值链分工程度最高，获得贸易利益比重也最高，处于价值链分工较高地位。美国、英国的高、中、低三种技能劳动要素收入占比随着时间的推移，三种技能劳动要素收入比重出现变化，高技能劳动要素收入占比在不断提高，中技能和低技能劳动要素收入占比在不断降低。美国在1995～2007年，中技能劳动要素收入占比始终高于高技能、低技能劳动要素收入占比。2008年，美国高技能劳动要素收入占比超过中技能劳动要素收入占比，成为三种技能劳动要素收入占比最高的要素。美国的低技能劳动要素收入占比一直较低，保持在3%左右。从各技能劳动要素收入占比发展趋势来看，美国的高技能劳动要素占比在不断增长，中技能和低技能劳动要素收入占比在不断下降。在劳动要素收入方面未来主要以高技能劳动要素收入为主。英国在1995～1999年，中技能劳动要素收入占比高于高技能、低技能劳动要素收入占比，2000年，英国的高技能劳动要素收入占比就超过中技能劳动要素收入占比，成为三种技能劳动要素中占比最高的要

表 5－9　全球价值链分工下中国与其他国家各类要素收入分配比重

单位：%

项目		1995 年	2000 年	2001 年	2002 年	2003 年	2004 年	2005 年	2006 年	2007 年	2008 年	2009 年
中国	劳动要素	54.7	50.7	49.7	48.7	47.4	46.6	45.1	43.6	42.0	42.1	41.9
	高技能	2.1	3.4	3.7	3.9	4.4	4.5	5.1	5.5	5.2	5.7	5.8
	中技能	18.6	21.1	21.3	21.4	20.4	19.0	18.1	17.1	16.1	16.0	16.1
	低技能	33.9	26.3	24.8	23.3	22.6	23.1	22.0	21.0	20.7	20.5	20.1
	资本要素	45.3	49.2	45.9	50.2	51.3	52.6	53.4	56.4	58.0	57.8	58.1
美国	劳动要素	60.0	60.8	61.0	60.5	60.5	59.7	58.9	58.9	59.1	59.2	58.8
	高技能	23.5	26.3	26.8	26.4	26.8	27.4	27.2	27.8	28.0	28.6	28.8
	中技能	32.7	31.3	31.1	30.7	30.3	29.3	28.8	28.2	28.4	28.0	27.5
	低技能	3.7	3.3	3.2	3.3	3.4	3.0	2.9	2.9	2.8	2.6	2.4
	资本要素	40.0	39.2	39.0	39.5	39.5	40.3	41.1	41.1	40.9	40.8	41.3
日本	劳动要素	60.3	57.7	57.8	56.9	56.3	56.2	56.0	56.6	56.6	56.7	56.1
	高技能	17.6	18.8	19.6	20.0	20.2	20.5	20.8	21.0	21.0	21.1	20.9
	中技能	35.1	33.9	33.8	32.8	32.6	32.2	31.9	32.2	32.2	32.3	31.9
	低技能	7.6	4.9	4.4	4.0	3.5	3.4	3.3	3.3	3.3	3.3	3.3
	资本要素	39.7	42.3	42.2	43.1	43.7	43.8	44.0	43.4	43.4	43.3	43.8

续表

项目		1995 年	2000 年	2001 年	2002 年	2003 年	2004 年	2005 年	2006 年	2007 年	2008 年	2009 年
韩国	劳动要素	81. 1	74. 7	76. 2	74. 8	75. 6	73. 6	74. 5	74. 0	72. 5	72. 9	72. 9
	高技能	35. 8	38. 4	41. 9	42. 6	43. 5	42. 6	44. 9	44. 8	44. 0	44. 3	44. 4
	中技能	32. 8	28. 4	27. 6	26. 5	26. 6	26. 1	25. 0	24. 7	24. 1	24. 2	24. 1
	低技能	12. 5	7. 9	6. 7	5. 7	5. 5	4. 9	4. 6	4. 5	4. 4	4. 4	4. 3
	资本要素	18. 9	25. 3	23. 8	25. 2	24. 4	26. 4	25. 5	26. 0	27. 5	27. 1	27. 0
德国	劳动要素	68. 2	68. 4	67. 9	67. 3	67. 1	65. 9	65. 0	63. 7	62. 8	64. 1	67. 6
	高技能	22. 1	23. 2	23. 5	24. 1	25. 6	25. 7	24. 9	24. 4	24. 1	25. 3	27. 6
	中技能	39. 3	38. 2	37. 5	36. 5	34. 9	34. 6	33. 8	33. 1	32. 8	33. 3	34. 5
	低技能	6. 9	6. 9	6. 9	6. 7	6. 6	5. 7	6. 3	6. 1	5. 8	5. 5	5. 5
	资本要素	31. 8	31. 6	32. 1	32. 7	32. 9	34. 1	35. 0	36. 3	37. 2	35. 9	32. 4
英国	劳动要素	67. 3	69. 0	69. 8	68. 8	68. 6	68. 0	68. 8	68. 5	68. 5	67. 6	70. 5
	高技能	21. 9	28. 0	28. 7	28. 9	28. 8	28. 4	29. 1	29. 6	30. 3	30. 6	32. 4
	中技能	26. 7	27. 0	26. 9	26. 4	27. 5	28. 1	28. 4	27. 9	27. 1	26. 3	27. 6
	低技能	18. 7	14. 0	14. 2	13. 4	12. 3	11. 5	11. 3	11. 0	11. 0	10. 7	10. 5
	资本要素	32. 7	31. 0	30. 2	31. 2	31. 4	32. 0	31. 2	31. 5	31. 5	32. 4	29. 5

续表

项目		1995年	2000年	2001年	2002年	2003年	2004年	2005年	2006年	2007年	2008年	2009年
巴西	劳动要素	53.1	49.8	50.0	49.1	48.2	48.1	49.3	50.6	59.1	59.5	60.6
	高技能	15.6	15.6	15.9	15.8	15.5	15.6	16.0	16.7	19.7	20.1	20.8
	中技能	16.6	16.9	17.2	17.2	17.3	17.6	18.5	19.3	22.9	23.4	24.2
	低技能	21.0	17.3	17.0	16.2	15.4	14.9	14.8	14.7	16.5	15.9	15.6
	资本要素	46.9	50.2	50.0	50.9	51.8	51.9	50.7	49.4	40.9	40.5	39.4
印度	劳动要素	56.6	52.8	53.3	52.9	52.6	52.4	51.8	51.5	50.9	50.4	51.2
	高技能	10.0	11.4	12.2	13.0	13.8	14.3	14.1	14.1	13.9	13.8	14.0
	中技能	20.5	20.8	20.5	19.9	19.3	18.9	18.6	18.5	18.3	18.2	18.4
	低技能	26.1	20.6	20.6	20.0	19.5	19.2	19.0	18.9	18.7	18.5	18.8
	资本要素	43.4	47.2	46.7	47.1	47.4	47.6	48.2	48.5	49.1	49.6	49.6

素，且平均在30%左右，呈现持续增长态势。其中技能劳动要素收入占比在1995～2009年出现小范围波动，但整体占比依旧保持在28%左右。低技能劳动要素收入占比最低，维持在12%左右。美国和英国的高技能劳动要素在不断地加深参与价值链分工的程度，且也在不断增加贸易利益，说明美国和英国在不断地向价值链高端攀升，处于较高的发展阶段。日本和德国普遍是中技能劳动要素收入占比最高，分别为32%和34%，高技能劳动要素收入占比次之，在20%和25%左右，低技能劳动要素收入占比最低，只有4%和6%。两国高技能劳动要素收入占比在不断提升，中、低技能劳动要素收入占比波动较小，发展比较稳定，低技能劳动要素收入逐年降低。可见日本和德国在参与价值链分工过程中，主要以中技能劳动要素为主，提高高技能劳动要素参与价值链分工的能力，加深分工程度，逐渐向价值链高端迈进。巴西在1995～1999年，低技能劳动要素收入占比最高，在21%左右，随着高技能、中技能劳动要素参与价值链分工程度的不断提高，低技能劳动要素参与价值链分工减少，在2000年巴西中技能劳动要素收入占比超过低技能劳动要素收入占比，在巴西三种技能劳动要素收入占比中最高，保持在20%左右，且逐渐增长。2004年巴西高技能劳动要素收入占比超过低技能劳动要素收入占比，且发展趋势在逐渐上涨，当前，巴西三种技能劳动要素收入主要以中技能劳动要素收入为主，高技能劳动要素收入次之，低技能劳动要素收入最低。巴西与日本和德国在不同技能劳动要素嵌入价值链分工方面比较一致，说明巴西在参与价值链分工方面，由低技能劳动嵌入价值链分工转变为高技能、中技能劳动要素参与价值链分工，其价值链分工地位也在逐渐上升。然而中国和印度三种技能劳动要素占比主要以低技能劳动要素收入为主，占比分别保持在25%和20%左右。中技能劳动要素收入占比次之，分别在20%和19%，高技能劳动要素收入占比最低，分别平均为5%和13%。可见中国与印度来看，印度三种技能劳动要素收入在参与价值链分工过程中，虽然也是与低技能劳动要素收入为主，但其高技能劳动要素收入占比也保持在13%左右，而中国的高技能劳动要素收入占比只有5%，说明中国在嵌入全球价值链分工方面，依旧以低技能劳动要素为主，中技能劳动要素次之，高技能劳动要素最少，三种技能劳动要素间发展不均衡，高技能劳动要素发展过慢。

通过以上对比分析能够清楚看到，中国在价值链分工中的地位依旧较低，韩国、美国、英国在价值链分工中，主要以高技能和中技能劳动要素为主参与分工，其价值链地位较高。日本、德国、巴西在参与价值链分工过程中主要以中技能劳动要素为主，高技能劳动要素为辅，但高技能劳动要素依旧在不断提高过程中，可见这三个国家相对于韩国、美国、英国在价值链分工中的地位低，但仍高于中国和印度，且从这三个国家高技能劳动要素收入占比的增长趋势来看，向价值链更高端位置去攀升也是指日可待的。中国和印度与以上国家相比，中国和印度的劳动要素收入主要以低技能和中技能劳动要素收入为主，高技能劳动要素收入最低，可见两国在价值链分工中的地位较低，依旧处于参与价值链分工的初级发展阶段，只有不断地提高高技能、中技能劳动要素能力，才能够提高两国在全球价值链分工中的地位，从而能够获取更多的贸易利益。

二、我国劳动收入测度——分行业的考察

全球价值链分工的贸易利益更直观地表现为参与分工的生产要素获得收益情况，本小节重点分析了中国与其他典型国家劳动要素收入差距，并以此作为中国与其他典型国家贸易利益的差异表现，具体测算结果见表5-10。

表5-10 全球价值链分工下中国与典型国家劳动要素收入分行业比较

单位：美元/小时

年份	国家	初级产品	劳动密集型制造业	资本密集型制造业	知识密集型制造业	劳动密集型服务业	资本密集型服务业	知识密集型服务业	健康、教育、公共服务业
1995	中国	0.013	0.304	0.128	0.211	0.018	0.043	0.039	0.011
	美国	2.372	2.882	3.075	10.217	0.666	2.240	1.310	0.140
	日本	0.075	1.157	4.997	15.737	0.458	0.899	2.132	0.319

续表

年份	国家	初级产品	劳动密集型制造业	资本密集型制造业	知识密集型制造业	劳动密集型服务业	资本密集型服务业	知识密集型服务业	健康、教育、公共服务业
1995	韩国	0. 253	2. 690	2. 540	6. 235	0. 271	0. 933	3. 476	0. 258
	德国	2. 603	14. 129	12. 347	36. 053	0. 746	2. 360	1. 148	0. 119
	英国	3. 679	11. 400	8. 702	22. 401	0. 165	1. 339	2. 558	0. 353
	巴西	0. 062	0. 259	0. 987	1. 632	0. 031	0. 074	0. 073	0. 021
	印度	0. 005	0. 170	0. 074	0. 162	0. 003	0. 031	0. 041	0. 010
2000	中国	0. 011	0. 363	0. 165	0. 428	0. 046	0. 060	0. 221	0. 017
	美国	1. 764	3. 681	3. 167	13. 356	0. 730	2. 466	1. 521	0. 128
	日本	0. 107	1. 360	4. 926	16. 459	0. 716	1. 058	2. 720	0. 038
	韩国	0. 109	2. 483	3. 087	7. 819	0. 420	0. 956	2. 033	0. 319
	德国	2. 811	15. 295	11. 268	36. 552	0. 745	2. 147	1. 823	0. 056
	英国	3. 871	12. 708	10. 384	29. 939	0. 207	1. 443	4. 908	0. 484
	巴西	0. 068	0. 287	0. 891	2. 411	0. 027	0. 064	0. 058	0. 016
	印度	0. 006	0. 212	0. 080	0. 238	0. 004	0. 011	0. 207	0. 015
2005	中国	0. 018	0. 529	0. 271	1. 022	0. 059	0. 135	0. 528	0. 013
	美国	1. 893	4. 924	4. 223	18. 139	0. 804	2. 858	2. 208	0. 186
	日本	0. 148	1. 704	7. 537	19. 743	1. 013	1. 141	2. 656	0. 051
	韩国	0. 139	2. 464	5. 263	15. 065	0. 435	1. 184	2. 650	0. 220
	德国	5. 212	28. 231	20. 810	58. 196	1. 265	4. 391	3. 075	0. 160
	英国	5. 224	29. 406	19. 486	50. 689	0. 902	2. 990	6. 785	0. 824
	巴西	0. 158	0. 449	1. 469	3. 882	0. 038	0. 097	0. 076	0. 025
	印度	0. 008	0. 267	0. 115	0. 340	0. 010	0. 019	0. 645	0. 024
2009	中国	0. 025	0. 878	0. 374	1. 519	0. 071	0. 179	1. 015	0. 013
	美国	3. 198	7. 112	6. 460	21. 645	0. 783	3. 230	3. 306	0. 281
	日本	0. 178	1. 947	11. 603	24. 473	1. 126	1. 341	3. 387	0. 045
	韩国	0. 127	1. 857	7. 007	19. 592	0. 500	1. 085	3. 240	0. 232
	德国	7. 864	41. 127	31. 461	76. 820	1. 872	5. 633	4. 504	0. 148

续表

年份	国家	初级产品	劳动密集型制造业	资本密集型制造业	知识密集型制造业	劳动密集型服务业	资本密集型服务业	知识密集型服务业	健康、教育、公共服务业
2009	英国	5.735	35.450	24.751	62.411	1.046	3.049	8.097	0.740
	巴西	0.399	0.419	2.846	3.720	0.087	0.249	0.199	0.040
	印度	0.011	0.329	0.151	0.748	0.014	0.025	0.462	0.026

第一，从中国与美国的劳动要素收入情况来看，中美两国各行业的劳动要素收入呈上涨趋势，但涨幅和增速严重的分化，造成了两国要素收入差距拉大的局面。以知识密集型制造业为例，1995 年中美两国该行业的劳动要素收入差距为 10.006 美元/小时，2009 年则扩大到 20.295 美元/小时。可见美国参与价值链分工的贸易利益大大多于中国参与价值链分工所获得的贸易利益。

第二，从中国与日本、韩国的劳动要素收入情况来看，三国的劳动要素收入在各行业呈普遍上涨趋势，但中国与日本、韩国在部分行业存在要素收入差距拉大的现象。其中，中国与日本在健康、教育、公共服务业的劳动要素收入差距在不断缩小，由 1995 年该行业要素收入差距 0.308 美元/小时到 2009 年缩小到了 0.032 美元/小时。中国与韩国在初级产品、劳动密集型制造业、知识密集型服务业和健康、教育、公共服务业的劳动要素收入差距在不断缩小，1995 年中韩在以上四行业收入差距为 0.24 美元/小时、2.386 美元/小时、3.437 美元/小时和 0.247 美元/小时，2009 年的收入差距缩小到 0.102 美元/小时、0.979 美元/小时、2.225 美元/小时和 0.219 美元/小时。其中中国在劳动密集型制造业、知识密集型服务业行业的劳动要素收入增长较快，缩小了与韩国的差距；中国在健康、教育、公共服务业的劳动要素收入在不断增加，且与日本、韩国在该行业劳动要素收入持平。以知识密集型制造业为例，1995 年中国与日本在该行业的劳动要素收入差距为 15.526 美元/小时，中国与韩国在该行业的劳动要素收入差距为 6.024 美元/小时，

2009 年中国与日本在该行业的劳动要素收入差距则扩大到 22. 954 美元/小时，与韩国则扩大到 18. 073 美元/小时。从中国、日本和韩国的劳动要素收入分析看来，中国在劳动要素收入方面大大拉低了东亚地区的整体水平，也证实了中国参与价值链分工获得的贸易利益均低于日本和韩国。

第三，从中国与德国、英国的劳动要素收入情况来看，三国的劳动要素收入在各行业均呈上涨趋势，但涨幅和增速出现了特别严重的分化，导致中国与德国和英国的劳动要素收入差距是最大的，且差距扩大的趋势越来越明显。中国在八大行业内的劳动要素收入均大幅度低于德国和英国，其中知识密集型制造业收入差距最大，劳动密集型制造业和资本密集型制造业次之，其他行业的要素收入差距保持在 6 美元/小时左右，劳动密集型服务业劳动要素收入差距最小。以知识密集型制造业为例，1995 年，中国与德国在该行业的劳动要素收入差距为 35. 842 美元/小时，与英国的差距为 22. 19 美元/小时。2009 年，中国与德国在该行业的劳动要素收入差距扩大到 75. 301 美元/小时，与英国的差距扩大到 60. 892 美元/小时。可见中国与德国、英国在参与价值链分工获得贸易利益具有很大的差距，且当前的这种差距是需要很长一段时间的发展才能够逐渐缩小的。

第四，从中国与同为金砖国家的巴西、印度的劳动要素收入情况来看，三国的劳动要素收入在各行业普遍呈上涨趋势，涨幅和增速相对比较一致，没有出现严重分化。中国与巴西的劳动要素收入差距小，各行业的劳动要素收入普遍均低于巴西各行业的劳动要素收入，其中中国劳动密集型制造业的劳动要素收入一直高于巴西该行业的劳动要素收入，且差距不断扩大，由 1995 年的 0. 045 美元/小时扩大到 2009 年的 0. 459 美元/小时，中国的知识密集型服务业劳动要素收入由 1995 年低于巴西的 0. 034 美元/小时到 2009 年中国在该行业的劳动要素收入高于巴西的 0. 816 美元/小时，说明中国在劳动密集型制造业和知识密集型服务业参与价值链分工过程中获得的贸易利益高于巴西。中国与巴西劳动要素收入差距最大的行业为资本密集型制造业，1995 年中国与巴西在该行业的劳动要素收入差距为 0.859 美元/小时，2009 年扩大到 2.472 美元/小时。中国各行业的劳动要素收入均高于印度，但两国劳动要素收入差距较小。其中两国在知识密集型制造业的劳动要素收入差距最大，由 1995 年的 0.049 美元/小时扩大到 2009 年的 0.771 美元/小时。中国与巴西、印度在各行业参与价值链分工所获得的贸易利益差距不大。

经过以上分析整体来看，中国与美国、德国、英国、日本和韩国的劳动要素收入差距在不断扩大，主要是因为中国劳动要素收入基数较低且增速较慢，导致了中国与以上各国劳动要素收入差距的不断扩大，说明中国参与价值链分工地位处于较低位置，其他国家处于价值链分工较高地位。中国与巴西和印度的劳动要素收入差距较小，说明中国、巴西和印度在价值链分工所处位置相同，都是价值链微笑曲线中间位置。同时，从不同行业的劳动要素收入来看，各国在知识密集型制造业单位劳动收入较高，说明参与价值链高端环节的劳动要素收入较高，参与价值链低端环节的劳动要素收入较低。

三、我国劳动收入测度——分技能的考察

在进一步区分要素种类的基础上，本小节对高技能、中技能和低技能劳动要素的分行业收入分别进行了核算，具体结果见表 5 - 11 ~ 表 5 - 13。中国与主要国家高、中、低三种技能劳动要素收入基本为上升趋势，其中高技能劳动要素收入的增长速度最快，上涨幅度最大。中技能和低技能劳动要素收入增长速度较慢，且幅度较小。发现要素收入分配的差异不仅体现在劳动要素和资本要素之间，还表现在劳动要素不同技能分类之间。以知识密集型制造业为例，1995 ~ 2009 年，中国、美国、日本、韩国、德国、英国、巴西、印度高技能劳动要素收入分别增长了 1.764 美元/小时、15.477 美元/小时、11.9 美元/小时、14.728 美元/小时、69.216 美元/小时、53.563 美元/小时、3.638 美元/小时和 1.073 美元/小时。中国、美国、日本、韩国、德国、英国、巴西、印

度中技能劳动要素收入分别增长了1.19美元/小时、7.991美元/小时、7.259美元/小时、11.664美元/小时、33.041美元/小时、34.966美元/小时、1.466美元/小时和0.482美元/小时。中国、美国、德国、英国、巴西、印度低技能劳动要素收入分别增长了0.978美元/小时、3.904美元/小时、18.501美元/小时、25.799美元/小时、1.324美元/小时和0.201美元/小时。日本和韩国低技能劳动要素收入分别降低了5.894美元/小时和1.826美元/小时。从高、中、低技能劳动要素来看，高技能劳动要素收入最高，且增长幅度最大，中技能劳动要素收入次之，低技能劳动要素收入最低，且增长较慢。1995～2009年，中国、美国、日本、韩国、德国、英国、巴西、印度高技能和中技能劳动要素收入差距扩大了1.5倍、1.9倍、1.6倍、1.3倍、2.1倍、1.5倍、2.5倍和2.2倍；高技能和低技能劳动要素收入差距扩大了1.8倍、4倍、2倍、8倍、3.7倍、2倍、2.7倍和5.3倍。

表5-11　价值链分工下中国与其他典型国家高技能劳动要素收入分行业比较

单位：美元/小时

年份	国家	初级产品	劳动密集型制造业	资本密集型制造业	知识密集型制造业	劳动密集型服务业	资本密集型服务业	知识密集型服务业	健康、教育、公共服务业
1995	中国	0.050	0.381	0.192	0.308	0.021	0.061	0.049	0.012
	美国	3.821	5.861	4.879	14.872	0.933	2.253	1.761	0.162
	日本	0.099	1.308	5.393	22.900	0.713	0.621	3.703	0.213
	韩国	0.313	3.427	2.666	8.940	0.256	0.943	6.101	0.293
	德国	4.285	21.970	20.144	54.346	1.075	2.715	1.764	0.137
	英国	9.981	17.918	13.419	36.523	0.297	1.267	3.634	0.411
	巴西	1.214	0.873	3.451	5.402	0.106	0.105	0.129	0.029
	印度	0.014	0.499	0.178	0.284	0.005	0.090	0.048	0.003

续表

年份	国家	初级产品	劳动密集型制造业	资本密集型制造业	知识密集型制造业	劳动密集型服务业	资本密集型服务业	知识密集型服务业	健康、教育、公共服务业
2000	中国	0.067	0.465	0.246	0.611	0.113	0.101	0.337	0.020
	美国	2.429	7.332	4.935	19.873	1.149	2.800	2.143	0.157
	日本	0.138	1.624	4.988	23.250	1.165	0.776	4.226	0.036
	韩国	0.136	3.205	3.269	10.144	0.416	1.054	3.716	0.330
	德国	4.506	23.797	17.274	56.113	1.086	2.505	2.577	0.060
	英国	8.804	19.828	15.538	46.838	0.372	1.353	6.274	0.511
	巴西	1.038	1.076	3.092	7.486	0.086	0.107	0.118	0.022
	印度	0.018	0.630	0.187	0.404	0.005	0.024	0.186	0.006
2005	中国	0.188	0.748	0.460	1.510	0.146	0.240	0.738	0.016
	美国	2.569	10.266	6.589	26.045	0.970	2.590	3.162	0.225
	日本	0.196	2.138	8.421	27.669	1.599	0.734	3.882	0.049
	韩国	0.159	3.306	6.079	18.281	0.511	1.445	5.034	0.223
	德国	8.878	45.372	33.446	93.532	1.784	5.174	4.255	0.164
	英国	11.170	43.239	28.653	74.534	1.235	2.666	8.754	0.900
	巴西	2.297	1.608	4.379	11.445	0.115	0.160	0.155	0.029
	印度	0.043	0.684	0.308	0.644	0.013	0.035	0.870	0.009
2009	中国	0.097	1.174	0.496	2.072	0.158	0.299	1.191	0.014
	美国	4.409	13.725	9.919	30.349	0.872	3.044	4.551	0.341
	日本	0.235	2.467	12.629	34.800	1.823	0.879	4.900	0.044
	韩国	0.142	2.481	8.042	23.668	0.591	1.323	6.174	0.237
	德国	13.296	66.151	50.604	123.562	2.841	7.055	6.265	0.163
	英国	10.400	51.170	35.727	90.086	1.377	3.014	10.030	0.819
	巴西	5.822	1.187	6.432	9.040	0.224	0.432	0.374	0.040
	印度	0.053	0.775	0.398	1.357	0.019	0.055	0.624	0.009

表5－12　价值链分工下中国与其他典型国家中技能劳动要素收入分行业比较

单位：美元/小时

年份	国家	初级产品	劳动密集型制造业	资本密集型制造业	知识密集型制造业	劳动密集型服务业	资本密集型服务业	知识密集型服务业	健康、教育、公共服务业
1995	中国	0.031	0.324	0.139	0.214	0.018	0.043	0.030	0.011
	美国	2.162	2.720	2.799	8.873	0.678	2.219	1.028	0.130
	日本	0.067	1.097	4.872	14.466	0.414	0.880	1.610	0.337
	韩国	0.245	2.722	2.410	5.711	0.271	0.887	2.332	0.227
	德国	2.172	13.454	11.532	34.412	0.743	2.368	0.967	0.116
	英国	3.764	11.095	8.534	21.806	0.161	1.463	2.097	0.360
	巴西	0.243	0.337	1.284	1.856	0.043	0.081	0.057	0.020
	印度	0.006	0.230	0.096	0.172	0.004	0.033	0.034	0.008
2000	中国	0.038	0.392	0.179	0.442	0.055	0.060	0.156	0.017
	美国	1.749	3.392	2.908	11.043	0.728	2.365	1.075	0.112
	日本	0.094	1.280	4.789	14.948	0.600	1.071	2.056	0.038
	韩国	0.097	2.448	3.009	7.100	0.396	0.912	1.311	0.316
	德国	2.460	14.272	10.615	34.537	0.738	2.169	1.645	0.057
	英国	3.644	11.612	9.748	27.716	0.184	1.482	4.279	0.495
	巴西	0.193	0.309	0.954	2.458	0.032	0.066	0.041	0.015
	印度	0.007	0.335	0.106	0.233	0.005	0.016	0.109	0.014
2005	中国	0.050	0.585	0.301	1.062	0.066	0.129	0.403	0.012
	美国	1.915	4.225	3.769	14.636	0.864	2.924	1.523	0.164
	日本	0.132	1.624	7.265	17.582	0.822	1.202	1.971	0.050
	韩国	0.126	2.174	4.841	13.308	0.361	1.062	1.336	0.222
	德国	4.373	25.494	18.793	52.554	1.247	4.387	2.608	0.166
	英国	4.850	26.592	17.622	45.839	0.813	3.137	5.693	0.767
	巴西	0.399	0.452	1.469	3.665	0.042	0.090	0.048	0.023
	印度	0.010	0.319	0.150	0.276	0.011	0.020	0.350	0.027

续表

年份	国家	初级产品	劳动密集型制造业	资本密集型制造业	知识密集型制造业	劳动密集型服务业	资本密集型服务业	知识密集型服务业	健康、教育、公共服务业
2009	中国	0.040	0.879	0.329	1.404	0.065	0.137	0.538	0.011
	美国	3.102	6.279	5.812	16.864	0.836	3.275	2.225	0.244
	日本	0.159	1.853	11.183	21.725	0.900	1.405	2.548	0.045
	韩国	0.117	1.632	6.458	17.375	0.414	0.975	1.626	0.230
	德国	6.659	36.112	27.625	67.453	1.796	5.454	3.804	0.148
	英国	5.101	32.247	22.515	56.772	0.948	3.128	6.843	0.651
	巴西	0.817	0.405	2.702	3.322	0.091	0.229	0.119	0.038
	印度	0.013	0.399	0.195	0.654	0.016	0.027	0.251	0.029

表5－13　价值链分工下中国与其他典型国家低技能劳动要素收入分行业比较

单位：美元/小时

年份	国家	初级产品	劳动密集型制造业	资本密集型制造业	知识密集型制造业	劳动密集型服务业	资本密集型服务业	知识密集型服务业	健康、教育、公共服务业
1995	中国	0.012	0.296	0.120	0.203	0.018	0.041	0.057	0.012
	美国	1.810	2.068	2.197	6.639	0.369	2.425	0.566	0.128
	日本	0.211	2.851	7.119	15.808	0.224	1.426	0.349	0.155
	韩国	0.230	5.838	3.034	5.671	0.112	1.567	2.085	0.037
	德国	2.310	9.796	8.495	24.752	0.524	1.827	0.513	0.081
	英国	2.184	8.918	7.026	17.774	0.137	1.247	2.003	0.270
	巴西	0.042	0.170	0.625	0.958	0.022	0.066	0.027	0.019
	印度	0.004	0.132	0.056	0.082	0.003	0.020	0.036	0.016
2000	中国	0.009	0.349	0.153	0.395	0.030	0.051	0.392	0.017
	美国	1.334	2.513	2.107	8.406	0.354	2.279	0.592	0.134
	日本	0.187	1.880	4.388	10.977	0.161	0.967	0.269	0.009
	韩国	0.012	3.114	2.006	4.323	0.103	0.991	0.378	0.030

续表

年份	国家	初级产品	劳动密集型制造业	资本密集型制造业	知识密集型制造业	劳动密集型服务业	资本密集型服务业	知识密集型服务业	健康、教育、公共服务业
2000	德国	2.276	10.196	7.484	24.207	0.529	1.575	0.831	0.041
	英国	2.059	9.145	7.901	22.074	0.180	1.476	3.325	0.408
	巴西	0.047	0.192	0.571	1.446	0.018	0.055	0.020	0.015
	印度	0.005	0.182	0.060	0.109	0.003	0.011	0.124	0.029
2005	中国	0.016	0.500	0.242	0.908	0.036	0.116	0.746	0.012
	美国	1.232	3.327	2.884	9.239	0.388	3.176	0.714	0.171
	日本	0.173	1.366	4.592	8.154	0.155	0.690	0.129	0.006
	韩国	0.036	1.203	1.568	2.888	0.035	0.466	0.210	0.014
	德国	3.838	17.207	12.684	35.470	0.930	3.304	1.624	0.120
	英国	3.108	21.523	14.263	37.101	0.912	3.082	4.557	0.740
	巴西	0.102	0.310	1.018	2.266	0.025	0.086	0.031	0.024
	印度	0.007	0.204	0.070	0.139	0.008	0.014	0.346	0.040
2009	中国	0.023	0.745	0.271	1.181	0.034	0.118	1.497	0.009
	美国	2.255	4.336	4.098	10.543	0.400	3.516	1.064	0.251
	日本	0.209	1.605	6.823	9.914	0.171	0.838	0.174	0.006
	韩国	0.035	0.899	2.126	3.845	0.041	0.426	0.257	0.014
	德国	5.163	23.157	17.714	43.253	1.348	4.309	2.124	0.099
	英国	3.657	24.750	17.280	43.573	1.030	2.957	5.265	0.701
	巴西	0.194	0.289	2.168	2.282	0.058	0.200	0.084	0.042
	印度	0.009	0.251	0.093	0.283	0.012	0.016	0.241	0.045

从各国高、中、低技能劳动要素在不同行业总体收入来看，知识密集型制造业的要素收入最高，资本密集型制造业收入第二；从制造业和服务业两大类来看，制造业的劳动收入普遍高于服务业，这是由于WIOD数据库在对产业分类统计时很难将服务业相关环节彻底地从制造业统计里分离出来，使部分服务业劳动要素收入被统计在制造业劳动要

素收入中，导致了制造业的劳动要素收入普遍偏高。通过以上分析发现，各国不仅在劳动和资本要素之间存在着要素收入分配差异的问题，在劳动要素不同技能分类下也存在着要素收入分配差异问题，且各国间的收入差距也越来越大。

第六章

全球价值链分工下要素质量对劳动收入的影响

第一节 全球价值链分工下劳动收入影响因素的层级结构分解

通过第五章已经完成了增加值核算下世界主要地区及国家的劳动要素收入，为了进一步追溯价值链分工下劳动要素收入异质性发展的深层次原因，本节利用结构分解分析（SDA）方法来分解影响劳动要素收入变动的因素，探究是什么原因促使了劳动要素收入的增长抑或是下降，是何种作用方式导致了劳动要素收入出现变动。

结构分解分析（SDA）是投入产出研究中的一种研究方法，能够将经济结构中某一重要因素分解，通过分解不同形式自变量，能够测度自变量对因变量变动贡献的大小。本书主要借鉴陈等（Chen et al.，2008），科勒等（Koller et al.，2009）和李丹等（2018）提出的层级结构分解法（HSDA），对 s 国增加值出口所带来的要素收入 $VAXI^s$ 进行结构分解，解析出影响 s 国 $VAXI^s$ 变动的各种变量，并对要素质量变量进行着重分析。根据第五章的理论推导，有如下表达式成立：

$$VAXI_L^s = F_L^s \#(V^s B^{ss})^T \#(\sum_{r \neq s}^{G} A^{sr} L^{rr} Y^{rr} + \sum_{r \neq s}^{G} Y^{sr} + \sum_{r \neq s}^{G} \sum_{t \neq s,r}^{G} A^{sr} L^{rr} Y^{rt} + \sum_{r \neq s}^{G} \sum_{t \neq s,r}^{G} A^{sr} L^{rr} A^{rt} L^{tt} Y^{tt}) \quad (6.1)$$

$$EX^s = \sum_{r \neq s}^{G} A^{sr} L^{rr} Y^{rr} + \sum_{r \neq s}^{G} Y^{sr} + \sum_{r \neq s}^{G} \sum_{t \neq s,r}^{G} A^{sr} L^{rr} Y^{rt} + \sum_{r \neq s}^{G} \sum_{t \neq s,r}^{G} A^{sr} L^{rr} A^{rt} L^{tt} Y^{tt} \quad (6.2)$$

由于分解步骤较为烦琐，且表达式里包含太多字母，于是将劳动要素收入分解式中的求和符号、上下角标在下面进行 HSDA 分解时都进行省略。表达式为：

$$VAXI = F\#VB\#EX \quad (6.3)$$

于是可以推出：

$$VAXI_t = F_t \#(VB)_t \#(EX)_t$$
$$VAXI_{t-1} = F_{t-1} \#(VB)_{t-1} \#(EX)_{t-1} \quad (6.4)$$

从 t - 1 期到 t 期增加值出口所带来的 s 国劳动要素收入变化 ΔVAXI 为：

$$\Delta VAXI = VAXI_t - VAXI_{t-1} = F_t \#(VB)_t \#(EX)_t - F_{t-1} \#(VB)_{t-1} \#(EX)_{t-1} \quad (6.5)$$

HSDA 方法简化了冗长的推导过程，只需要对研究变化的第一个变量按照从左到右的顺序进行加减相消，就能够分解出在一定的考察期内，由于不同变量的变化而导致因变量产生了不同的变化程度。当以上步骤完成时，对研究变化的最后一个变量按照从右到左的顺序进行加减相消，就进行了再一次的分解，将得到两种不同分解，此时对两种不同的分解取平均值，即为 HSDA 方法。于是，式（6.5）可进行第一步分解：

$$\begin{aligned} & F_t \#(VB)_t \#(EX)_t - F_{t-1} \#(VB)_{t-1} \#(EX)_{t-1} \\ = & F_t \#(VB)_t \#(EX)_t - F_{t-1} \#(VB)_{t-1} \#(EX)_{t-1} \\ & + F_{t-1} \#(VB)_t \#(EX)_t - F_{t-1} \#(VB)_t \#(EX)_t \\ = & (F_t - F_{t-1}) \#(VB)_t \#(EX)_t - F_{t-1} \#(VB)_{t-1} \#(EX)_{t-1} \\ & + F_{t-1} \#(VB)_t \#(EX)_t - F_{t-1} \#(VB)_{t-1} \#(EX)_t \end{aligned}$$

$$+F_{t-1}\#(VB)_{t-1}\#(EX)_t$$
$$=(F_t-F_{t-1})\#(VB)_t\#(EX)_t+F_{t-1}\#[(VB)_t-VB_{t-1}]\#EX_t$$
$$+F_{t-1}\#(VB)_{t-1}\#[(EX)_t-(EX)_{t-1}]$$
$$=\Delta F\#(VB)_t\#(EX)_t+F_{t-1}\#\Delta VB\#(EX)_t+F_{t-1}\#(VB)_{t-1}\#\Delta EX \quad (6.6)$$

接下来进行第二步分解：

$$F_t\#(VB)_t\#(EX)_t-F_{t-1}\#(VB)_{t-1}\#(EX)_{t-1}$$
$$=F_t\#(VB)_t\#(EX)_t-F_{t-1}\#(VB)_{t-1}\#(EX)_{t-1}$$
$$+F_t\#(VB)_t\#(EX)_{t-1}-F_t\#(VB)_t\#(EX)_{t-1}$$
$$=F_t\#(VB)_t\#[(EX)_t-(EX)_{t-1}]-F_{t-1}\#(VB)_{t-1}\#(EX)_{t-1}$$
$$+F_t\#(VB)_t\#(EX)_{t-1}+F_t\#(VB)_{t-1}\#(EX)_{t-1}$$
$$-F_t\#(VB)_{t-1}\#(EX)_{t-1}$$
$$=F_t\#(VB)_t\#[(EX)_t-(EX)_{t-1}]$$
$$+F_t\#[(VB)_t-(VB)_{t-1}]\#(EX)_{t-1}$$
$$+(F_t-F_{t-1})\#(VB)_{t-1}\#(EX)_{t-1}$$
$$=F_t\#(VB)_t\#\Delta EX+F_t\#\Delta VB\#(EX)_{t-1}+\Delta F\#(VB)_{t-1}\#(EX)_{t-1} \quad (6.7)$$

将公式（6.6）、式（6.7）的最后一个等号转换到一个公式里，可得：

$$\Delta VAXI=VAXI_t-VAXI_{t-1}$$
$$=F_t\#(VB)_t\#(EX)_t-F_{t-1}\#(VB)_{t-1}\#(EX)_{t-1}$$
$$=\frac{1}{2}[\Delta F\#(VB)_t\#(EX)_t+F_{t-1}\#\Delta VB\#(EX)_t$$
$$+F_{t-1}\#(VB)_{t-1}\#\Delta EX]+\frac{1}{2}[F_t\#(VB)_t\#\Delta EX$$
$$+F_t\#\Delta VB\#(EX)_{t-1}+\Delta F\#(VB)_{t-1}\#(EX)_{t-1}] \quad (6.8)$$

整理后得：

$$\Delta VAXI_L^s=\frac{1}{2}[\Delta F\#(VB)_t\#(EX)_t$$
$$+\Delta F\#(VB)_{t-1}\#(EX)_{t-1}]+\frac{1}{2}[F_{t-1}\#\Delta VB\#(EX)_t$$
$$+F_t\#\Delta VB\#(EX)_{t-1}]+\frac{1}{2}[F_{t-1}\#(VB)_{t-1}\#\Delta EX$$

$$+F_t\#(VB)_t\#\Delta EX] \tag{6.9}$$

其中，F 表示参与价值链分工的劳动要素质量；$VB^s=(V^sB^{ss})^T$ 表示出口的本国增加值。

EX 表示剔除了折返和重复计算的 s 国的总出口。因此，要素收入变动的结构效应具体如表 6－1 所示。

表 6－1　　要素收入变化的结构效应分解

结构效应	具体内涵
要素质量效应	要素质量变动引致的要素收入变化
出口的国内增加值效应	国内增加值率变动引致的要素收入变化
出口规模效应 其中：最终出口效应 中间品出口效应 第三国效应	出口规模的变动引致的要素收入变化 由最终品出口引致的收入变化 由对直接进口国出口中间品引致的收入变化 由直接进口国对第三国出口引致的收入变化

本章使用的计算数据全部来源于世界投入产出数据库（WIOD），由于在前面提到的数据库更新问题，因此 1995～2011 年采用的是 WIOD 数据库 2013 年发布的数据，2012～2014 年采用的是 WIOD 数据库 2016 年发布的数据。

第二节　全球价值链分工下我国劳动收入的影响因素

世界各地区和国家的劳动要素收入内部呈现出了显著的异质性发展特征。因此本小节为探究世界各地区和国家的劳动要素收入的异质性问题，利用式（6.9）对世界各地区和国家的劳动要素收入变动的整体影响因素进行 HSDA 分解。

一、世界主要区域劳动收入提升的影响因素解析

从影响世界主要地区劳动要素收入的因素解析来看，出口规模效应是世界主要地区劳动要素收入变动的主要原因。北美地区、欧盟15国、东亚地区和金砖国家的出口规模效应影响最大，且为正向影响作用，因此说明各地区参与全球价值链分工的劳动要素收入提升的主要因素在于该地区的出口规模，即出口规模越大，则该地区的劳动要素收入越高。其中，东亚地区、金砖国家和欧盟15国的出口规模对劳动要素收入的影响效应比较大，说明价值链分工下东亚地区和金砖国家劳动要素收入提升主要靠出口规模的扩大，促进出口量的增长，出现这样的情况也意味着存在一些风险，如三个地区的出口规模一旦减少，将会造成以上三个地区的劳动要素收入的大幅度变动，说明东亚地区、金砖国家和欧盟15国的劳动要素收入对出口规模有较强的依赖。北美地区的要素质量、国内增加值和出口规模的影响效应相差不大，说明北美地区劳动要素收入的增长的影响因素比较平衡，不会因为出口规模的变动大幅度的影响劳动要素的收入。通过细分贸易路径可以发现，四个地区各行业影响劳动要素收入的因素大致相同。北美地区劳动密集型制造业的最终品出口是出口规模效应的主要因素，欧盟15国劳动密集型制造业和知识密集型制造业的最终品出口是出口规模效应的主要因素，东亚地区初级产品和劳动密集型制造业的最终品出口是出口规模效应的主要因素，其知识密集型制造业的中间品出口与最终品出口在出口规模效应中的影响相当。其他行业的中间品出口是其出口规模效应的主要因素。金砖国家初级产品、劳动密集型制造业和知识密集型制造业的最终品出口是出口规模效应的主要因素。在制造业和服务业对比方面，北美地区、欧盟15国、东亚地区和金砖国家的服务业整体以中间品出口为主（包括直接中间品出口和第三国出口），说明服务产品一般都以中间品存在于制造业产品之中。

根据表6-2，要素质量效应对劳动要素收入的影响次之，并且在

不同地区不同行业的影响方向是不同的。北美地区初级产品、劳动密集型服务业、资本密集型服务业和健康、教育、公共服务业的要素质量影响方向为负，说明要素质量效应对北美地区以上四个行业的劳动要素收入产生了消极的影响，且影响效果比较强烈。以劳动密集型服务业为例，在 1995 ~ 2009 年，该效应导致了北美地区劳动要素收入下降了 230.7%，下降了 2 倍多。整体来看，要素质量效应对欧盟 15 国的影响较为平稳，该效应在初级产品、劳动密集型制造业、资本密集型制造业和知识密集型制造业对劳动要素收入的影响方向为正。例如在 1995 ~ 2009 年，要素质量效应提高了劳动密集型制造业劳动要素收入，使劳动要素收入增长了 61.2%。国内增加值效应对北美地区劳动要素收入的影响最弱，且产生了消极的影响。其中该效应在劳动密集型服务业和资本密集型服务业的影响是积极且强烈的，该效应将劳动要素收入提高了 177.7%。要素质量效应在劳动密集型服务业、资本密集型服务业、知识密集型服务业和健康、教育、公共服务业对劳动要素收入的影响方向是负的，说明该效应降低了欧盟地区劳动要素收入。例如在 1995 ~ 2009 年，要素质量效应导致欧盟 15 国在知识密集型服务业的劳动要素收入降低了 56.7%。国内增加值效应对欧盟 15 国的劳动要素收入影响最微弱，且方向为负，平均影响程度在 10% 左右。既然欧盟 15 国的国内增加值对劳动要素收入影响几乎不存在，则说明欧盟 15 国在价值链分工地位比较稳定，国内增加值贸易额比较稳定。东亚地区的国内增加值效应是影响劳动要素收入的次要因素，比要素质量效应对劳动要素收入的影响要更加强烈，且在大多数行业内都产生了消极影响。1995 ~ 2009 年，以资本密集型服务业为例东亚地区国内增加值导致劳动要素收入的大幅度下降，影响程度达到了 1537.2%，发挥了非常显著的消极效应。虽然要素质量因素对东亚地区劳动要素收入的影响低于其他两种效应，但是对劳动要素收入的影响程度也比较高。例如知识密集型制造业和资本密集型服务业方面，要素质量导致了劳动要素收入分别下降了 270.1% 和 919.9%。金砖国家要素质量效应和国内增加值效应对劳动要素收入的影响程度差距不大，在部分行业内的影响程度存在一些差距。例如在劳动密集型制造业，要素质量效应对劳动要素收入的影响为负向，说明要素质量造成该行业劳动要素收入降低了 40.9%，而国内增加值效应则导致该行业的劳动要素收入下降了近 97%，可见在劳动密集型制造业行业里，国内增加值的影响效应高于要素质量。在资本密集型制造业中，要素质量和国内增加值导致了该行业劳动要素收入下降了 0.2% 和 6.1%，可见影响比较微弱。

表 6－2　1995～2009 年全球价值链分工下主要区域劳动要素收入影响因素

单位：%

项目		初级产品	劳动密集型制造业	资本密集型制造业	知识密集型制造业	劳动密集型服务业	资本密集型服务业	知识密集型服务业	健康、教育、公共服务业
北美	要素质量效应	－152.4	68.7	26.7	47.9	－230.7	－116.0	54.1	－25.2
	国内增加值效应	50.3	－13.7	－14.1	－11.5	177.7	96.7	－78.2	－11.7
	出口规模效应	202.1	45.1	87.3	63.6	153.1	119.2	124.2	136.9
	最终品出口效应	48.4	31.2	35.3	29.0	20.2	27.2	18.8	28.5
	中间品出口效应	122.5	6.4	38.0	22.4	96.5	69.0	80.9	82.3
	第三国出口效应	31.2	7.5	14.0	12.1	36.3	23.1	24.5	26.1
欧盟 15 国	要素质量效应	48.1	61.2	34.6	34.8	－11.6	－5.5	－56.7	－34.8
	国内增加值效应	－11.6	－2.6	－21.1	－12.9	－6.2	－19.4	－16.0	－8.4
	出口规模效应	63.5	41.4	86.5	78.1	117.8	124.9	172.7	143.2
	最终品出口效应	17.2	36.1	35.5	42.0	39.4	29.3	23.6	39.7

续表

项目		初级产品	劳动密集型制造业	资本密集型制造业	知识密集型制造业	劳动密集型服务业	资本密集型服务业	知识密集型服务业	健康、教育、公共服务业
欧盟15国	中间品出口效应	24.2	1.9	31.8	21.3	53.4	71.1	106.5	79.3
	第三国出口效应	22.1	3.4	19.2	14.7	24.9	24.5	42.6	24.3
东亚	要素质量效应	17.3	-74.3	-78.5	-270.1	-61.5	-919.9	-23.9	47.4
	国内增加值效应	-14.7	-67.0	-139.4	-338.6	-118.9	-1537.2	-55.7	35.7
	出口规模效应	97.4	241.4	317.9	708.7	280.4	2557.1	179.6	16.9
	最终品出口效应	57.2	182.5	75.3	351.4	81.4	610.9	14.6	4.8
	中间品出口效应	19.8	31.6	172.0	224.1	144.0	1382.5	133.9	12.6
	第三国出口效应	20.4	27.3	70.6	133.2	55.0	563.6	31.2	-0.5
金砖国家	要素质量效应	-10.4	-40.9	-0.2	36.6	-67.4	-43.1	30.2	-54.9
	国内增加值效应	-8.9	-97.0	-6.1	-48.0	-11.1	-15.2	-97.1	22.7
	出口规模效应	119.3	237.9	106.3	111.4	178.5	158.3	167.0	132.2
	最终品出口效应	1.9	186.7	35.3	62.6	39.0	5.2	65.7	36.9
	中间品出口效应	76.6	40.0	48.2	31.1	78.6	78.2	73.4	50.2
	第三国出口效应	40.8	11.2	22.8	17.7	60.9	74.9	27.9	45.0

整体来看，出口规模效应对劳动要素收入的影响最强烈，且均为正向、积极影响。要素质量效应对劳动要素收入的影响次之，在不同行业有着不同的影响方向。国内增加值效应对四个地区的影响相对不大，但影响方向普遍为负，这与本文第三章分析的增加值出口率下降的结论相吻合，即随着全球价值链的不断深化及发展，高度分散了产品生产环节，使更多的国家参与到价值链分工，导致参与价值链分工的国家的国内增加值率出现下降，进而导致了劳动要素收入的下降。

二、我国劳动收入提升的影响因素解析

上节分析了世界主要地区劳动要素收入的影响因素，其中出口规模效应是影响劳动要素收入的首要因素，要素质量效应次之，国内增加值效应最弱。通过本小节将中国与其他主要国家劳动要素收入影响因素的对比分析，发现出口规模效应依旧是中国以及其他典型国家劳动要素收入变动的主要因素，其次是要素质量效应，最后是国内增加值效应。三种效应对国家的影响作用与三种效应对四大地区的影响作用程度相一致。

从表6-3的分解结果来看，中国出口规模效应对劳动要素收入的影响最强，且大多为积极影响。相较其他国家而言，这一效应对中国劳动要素收入的影响更强，平均影响效应在200%左右。例如在劳动密集型服务业，出口规模对劳动要素收入的正向影响特别强烈，提高了劳动要素收入的233.9%。这说明价值链分工下中国劳动要素收入的提高更多地依靠出口规模的扩大，即在量的增加上做文章。细分贸易路径后发现，中国劳动密集型制造业、知识密集型制造业的最终出口是出口规模效应中的主要因素，资本密集型制造业，劳动密集型服务业，资本密集型服务业，知识密集型服务业和健康，教育、公共服务的中间品出口是出口规模效应的主要因素，其他行业的中间品出口效应（包括直接中间品出口和第三国出口）和最终品出口在规模效应中的影响不相上下。要素质量对中国劳动要素收入的影响次之，且方向主要为负，则说明出现

了普遍的要素质量下降。例如中国劳动密集型服务业，要素质量导致中国劳动要素收入下降了135.8%。国内增加值效应对中国劳动要素收入的影响相对不大，但整体影响方向为负。中国在劳动密集型制造业、劳动密集型服务业和知识密集型服务业的国内增加值效应影响方向为正，说明中国这三个行业的国内增加值比较高，对劳动要素收入具有积极的正向作用，推动了劳动要素收入的提升。

表6-3　全球价值链分工下中国与其他国家劳动要素收入影响因素　单位：%

项目		初级产品	劳动密集型制造业	资本密集型制造业	知识密集型制造业	劳动密集型服务业	资本密集型服务业	知识密集型服务业	健康、教育、公共服务业
中国	要素质量效应	18.7	-85.1	-96.9	-76.8	-135.8	-99.2	-22.5	4104.5
	国内增加值效应	-1.8	10.4	-11.4	-7.8	1.9	-5.1	1.1	-7.6
	出口规模效应	83.0	174.6	208.4	184.5	233.9	204.3	121.4	-3996.9
	最终品出口效应	49.3	129.1	70.3	100.1	70.2	49.9	9.5	-1462.3
	中间品出口效应	18.8	25.9	102.7	55.0	122.8	106.8	95.0	-1946.7
	第三国出口效应	15.0	19.6	35.3	29.5	40.9	47.6	16.9	-587.8
美国	要素质量效应	-23.2	52.4	21.7	29.4	-45.1	6.8	-18.1	-32.9
	国内增加值效应	-10.1	-2.6	-10.7	-1.8	-2.4	-10.3	-1.7	-2.7
	出口规模效应	133.2	50.2	89.0	72.4	147.6	103.6	119.8	135.7
	最终品出口效应	13.7	23.5	29.6	36.8	23.8	22.1	17.5	18.3

续表

项目		初级产品	劳动密集型制造业	资本密集型制造业	知识密集型制造业	劳动密集型服务业	资本密集型服务业	知识密集型服务业	健康、教育、公共服务业
美国	中间品出口效应	93.9	16.7	45.0	22.4	47.3	51.5	77.5	88.1
	第三国出口效应	25.6	10.0	14.5	13.3	76.4	30.0	24.7	29.2
日本	要素质量效应	60.5	116.2	52.5	92.8	7.3	20.1	-4.4	12.4
	国内增加值效应	-26.1	-11.1	-15.2	-19.4	-1.3	-22.8	-3.9	1.0
	出口规模效应	65.6	-5.1	62.7	26.6	94.0	102.7	108.3	86.5
	最终品出口效应	20.4	-11.9	35.9	8.0	46.4	52.0	68.9	49.1
	中间品出口效应	27.2	5.2	4.9	3.0	24.7	25.3	6.5	28.8
	第三国出口效应	18.0	1.5	22.0	15.6	23.0	25.4	33.0	8.6
韩国	要素质量效应	-31.3	-112.1	10.7	7.5	-11.6	-60.8	1415.4	1109.3
	国内增加值效应	21.5	10.8	-18.7	-12.3	-3.6	-21.0	24.3	18.0
	出口规模效应	109.8	201.2	108.0	104.8	115.3	181.8	-1339.7	-1027.3
	最终品出口效应	66.3	71.9	68.7	40.3	59.7	114.9	-786.0	-573.5
	中间品出口效应	42.4	106.4	13.4	43.4	39.1	39.1	-174.8	-296.0
	第三国出口效应	1.1	22.9	26.0	21.1	16.5	27.8	-378.9	-157.9

续表

项目		初级产品	劳动密集型制造业	资本密集型制造业	知识密集型制造业	劳动密集型服务业	资本密集型服务业	知识密集型服务业	健康、教育、公共服务业
德国	要素质量效应	42.0	52.5	28.5	28.4	-2.9	-31.4	-9.9	4.1
	国内增加值效应	-11.0	-6.5	-16.6	-18.8	-2.6	-18.4	-3.5	-17.5
	出口规模效应	69.0	54.0	88.0	90.4	105.5	149.8	113.4	113.4
	最终品出口效应	14.8	41.2	30.6	51.0	45.7	36.3	14.4	69.5
	中间品出口效应	34.6	8.2	38.1	23.3	40.1	85.7	73.4	33.1
	第三国出口效应	19.6	4.6	19.4	16.1	19.7	27.8	25.6	10.8
英国	要素质量效应	23.0	77.5	69.2	74.4	4.1	11.2	456.8	-33.9
	国内增加值效应	-11.0	0.9	-9.9	-5.7	-0.4	-2.4	-10.5	-0.6
	出口规模效应	88.0	21.5	40.7	31.2	96.4	91.2	-346.4	134.5
	最终品出口效应	2.2	20.1	16.9	17.9	39.5	18.2	-42.2	44.4
	中间品出口效应	38.5	0.3	14.0	7.0	44.5	58.2	-187.1	72.0
	第三国出口效应	47.3	1.2	9.8	6.3	12.4	14.7	-117.1	18.1

续表

项目		初级产品	劳动密集型制造业	资本密集型制造业	知识密集型制造业	劳动密集型服务业	资本密集型服务业	知识密集型服务业	健康、教育、公共服务业
巴西	要素质量效应	5.5	103.6	21.5	-208.1	11.0	-44.5	111.3	100.6
	国内增加值效应	-5.9	-9.7	-9.8	-123.2	-3.7	-14.2	45.4	16.4
	出口规模效应	100.3	6.1	88.3	431.3	92.7	158.7	-56.8	-16.9
	最终品出口效应	2.4	2.0	36.5	264.1	32.2	30.4	-13.1	-2.9
	中间品出口效应	71.8	1.7	37.4	99.1	42.2	75.4	-22.2	-6.9
	第三国出口效应	26.1	2.3	14.5	68.1	18.2	53.0	-21.4	-7.2
印度	要素质量效应	-5.8	-16.2	-12.3	-9.2	-14.6	-94.4	-1078.1	-12.9
	国内增加值效应	-4.7	-98.1	-19.9	-7.2	-1.6	-122.4	11.8	-0.6
	出口规模效应	110.5	214.3	132.1	116.4	116.2	316.8	1166.3	113.5
	最终品出口效应	7.2	174.7	49.1	67.2	49.0	38.7	498.4	40.4
	中间品出口效应	74.4	32.2	54.3	32.1	57.1	158.9	515.4	39.1
	第三国出口效应	28.9	7.3	28.8	17.1	10.1	119.2	152.5	34.1

美国同样也是出口规模效应最强，要素质量效应次之，国内增加值效应相对较弱。在细分贸易路径后，美国中间品出口是出口规模效应的主要因素，例如美国初级产品行业，中间品出口带动劳动要素收入提升

了93.9%，其最终品出口和第三国出口在出口规模效应中的影响相当。要素质量效应对美国劳动要素收入的影响相对较强，且在劳动密集型制造业、资本密集型制造业、知识密集型制造业和资本密集型服务业内的影响方向为正，其余行业的影响方向为负。例如劳动密集型制造业方面，要素质量提升了劳动要素收入，影响程度在52.4%左右。说明美国参与价值链分工的要素质量更高，单位要素创造的增加值更快，更能够提升劳动要素收入。

日本要素质量和出口规模对劳动要素收入的影响效应相当。在劳动密集型制造业和知识密集型制造业行业，日本的要素质量效应最强，影响程度分别为116.2%和92.8%。在初级产品和资本密集型制造业行业，日本的要素质量效应与出口规模效应影响程度相当，要素质量的影响程度分别为60.5%和52.5%，出口规模的影响程度分别为65.6%和62.7%。其他行业的出口规模效应影响程度均强于要素质量效应。在细分贸易路径后，最终品出口、中间品出口和第三国出口在出口规模效应中的影响相当，比较均衡。

韩国的出口规模对劳动要素收入的影响效应比较强，除了知识密集型服务业和健康、教育、公共服务业的影响方向为负，其他均为正向影响，且平均影响程度在130%左右。说明韩国参与价值链分工的劳动要素收入的提高主要依靠出口量的增长，与中国相似，但依赖程度并没有中国高，说明中国劳动要素收入增长依靠出口量的增长比较严重。在对贸易路径进行细分后，韩国出口规模效应的主要影响因素是最终品出口，直接中间品出口次之，第三国出口最后。韩国的要素质量效应影响程度低于出口规模效应，但高于国内增加值效应。在资本密集型制造业、服务密集型制造业、知识密集型服务业和健康、教育、公共服务业韩国的要素质量效应影响方向为正，说明要素质量提高，提升了劳动要素收入。例如在知识密集型服务业方面，要素质量大大提升了劳动要素收入，影响程度达到了1415.4%，说明韩国在该行业的要素质量较高，在很大程度上推动了该行业劳动要素的收入。在其他行业里，要素质量效应的影响方向为负，即出现了要素质量下降现象，从而导致了劳动要素收入的下降。例如在劳动密集型行业，韩国要素质量降低了劳动要素收入的 112.1%。韩国国内增加值对劳动要素收入的影响在初级产品、劳动密集型制造业和知识密集型制造业行业的影响效应为正，说明韩国这三个行业的国内增加值比较高，推动了劳动要素的收入。

德国的出口规模效应较强，要素质量效应次之，国内增加值效应较弱。德国出口规模效应的影响程度与中国、韩国对比来看并不高，说明价值链分工下德国劳动要素收入的提升对出口规模的依赖不强。德国的要素质量效应影响主要为正，且强度高于美国、日本、韩国、中国等国家。在初级产品、劳动密集型制造业、资本密集型制造业、知识密集型制造业和健康、教育、公共服务业要素质量效应的影响因素为正，且影响程度平均在 40% 左右，健康、教育、公共服务业的要素质量影响程度较低，只有 4.1%。其他行业的要素质量效应影响方向为负，但影响程度较小。说明德国的劳动要素质量较高，对劳动要素收入主要呈现出正向的提升作用。国内增加值效应影响方向为负，与前面分析的由于价值链分工不断深化，不断分散，参与价值链分工的国家国内增加值率出现下降，同时相应的也导致了劳动要素收入的下降。

英国的要素质量效应和出口规模效应在不同的行业影响程度有所不同。在劳动密集型制造业、资本密集型制造业、知识密集型制造业和知识密集型服务业行业，要素质量效应的影响程度最强，且方向为正，分别为 77.5%、69.2%、74.4% 和 456.8%。在初级产品、劳动密集型服务业、资本密集型服务业和健康、教育、公共服务业，出口规模效应的影响程度最强，均为正向影响，分别为 88.0%、96.4%、91.2% 和 134.5%。说明价值链分工下英国劳动要素收入的提升主要依靠要素质量和出口规模。细分贸易路径后，中间品出口（直接中间品出口和第三国出口）和最终品出口在出口规模效应中的影响相当。英国的国内增加值的影响效应一般为负，其中劳动密集型制造业的影响效应为正，但影响程度只有 0.9%。

巴西在劳动密集型制造业，知识密集型服务业，健康、教育、公共服务业的要素质量效应影响程度最强烈，分别为 103. 6%、111. 3% 和 100. 6%。说明巴西在这三个行业的劳动要素质量较高，能够提高劳动要素的收入。在初级产品、资本密集型制造业、知识密集型制造业、劳动密集型服务业、资本密集型服务业行业的出口规模效应影响最强烈，其中知识密集型制造业的影响效应最大，达到了 431. 3%。将贸易路径进行细分后，巴西知识密集型制造业的最终品出口在出口规模效应中的影响最大，达到了 264. 1%，初级产品、资本密集型服务业的直接中间品出口在出口规模效应中的影响最大，分别为 71. 8% 和 75. 4%。巴西国内增加值对劳动要素收入的影响一般为负，其中知识密集型制造业的影响程度达到了 123. 2%，说明巴西在该行业的国内增加值较低，拉低了劳动要素收入，阻碍了劳动要素收入的增长。

印度的出口规模效应是劳动要素收入变动的主要因素，影响效应为正，且影响程度较大，对各行业的影响程度与中国不相上下，说明全球价值链分工下中国和印度劳动要素收入的提升更多依靠的是“量的增长”。对贸易路径细分后，印度的最终品出口与直接中间品出口的影响效应大致相当，第三国出口效应最弱。其中在劳动密集型制造业和知识密集型制造业行业，巴西最终品出口效应影响最大，分别为 174. 7% 和 67. 2%。在初级产品、资本密集型制造业、知识密集型制造业行业，直接中间品出口的影响效应最大，分别为 74. 4%、158. 9% 和 515. 4%。说明巴西在参与价值链分工过程中，主要以中间品出口为主，依靠强大的出口量推动劳动要素收入的提升。印度的要素质量效应影响程度一般，且方向均为负，在知识密集型服务业的影响程度最大，达到了 1078. 1%。说明在该行业，巴西的要素质量严重阻碍了劳动要素收入增长，导致了劳动要素收入的下降。国内增加值出口效应符合前文对此效应的判断，在此不再赘述。

第三节　全球价值链分工下我国劳动收入提升的要素质量因素解析

马克思对分工进行研究时指出，“因为总体工人的各种职能有的比较简单，有的比较复杂，有的比较低级，有的比较高级，所以他的器官，即各个劳动力，需要极不相同的教育程度，从而具有极不相同的价值。”① 波特（1990）② 在对生产要素研究方面，将生产要素分成了初级要素和高级要素，可见学者们早已关注到生产要素的质量差异问题。而且发达国家以跨国公司为载体主导全球价值链分工，其目标就是实现收益最大化，主要手段就是将生产要素由低级要素质量向高级要素质量转变。

为进一步分析劳动要素收入与要素质量的关系，本节对不同技能的劳动要素收入进行了要素质量效应分析。

一、世界主要区域劳动收入提升的要素质量因素解析——分技能的考察

（一）世界主要区域高技能劳动收入提升的要素质量因素解析

整体来看，要素质量在高技能劳动要素收入变动中的影响较大，仅次于当前深入发展价值链分工下的出口规模效应，甚至不同地区在不同的行业出现了要素质量效应影响程度强于出口规模效应。这主要

① 马克思：《资本论》（第1卷），中共中央马克思恩格斯列宁斯大林著作编译局，译，人民出版社2004年版。

② 波特：《国家竞争优势》，李明轩，邱如美，译，中信出版社2012年版。

是由于全球价值链分工广泛、发展深入，实现了要素在全球范围内的充分分工，使得要素质量的外溢效应逐渐提升。从表 6-4 的对比来看，四个地区的要素质量效应差异性显著。金砖国家的要素质量效应大多为负，出现了由于要素质量下降从而拉低了劳动要素收入的现象。金砖国家高技能劳动要素即使在初级产品、知识密集型制造业和知识密集型服务业三个行业的要素质量效应为正，但要素质量的影响程度相对较小，分别为 7.7%、16.5% 和 20.4%。而北美地区、欧盟 15 国和东亚地区不同行业的要素质量效应呈现出不同的状态。从要素质量的影响方向来看，三个地区在劳动密集型制造业、资本密集型制造业和知识密集型制造业行业的要素质量效应普遍为正，且影响强度较高，说明单位要素创造的增加值相对提升较快，则劳动要素收入增加较高。三个地区在劳动密集型服务业、资本密集型服务业、知识密集型服务业行业的要素质量影响普遍为负，这是由于制造业和服务业在实际工作中有大范围重合，很难能够真正地将制造业和服务业的工作时间完全分离，因而是由于增加了服务业的工作时间造成了要素质量的负向影响。

表 6-4　全球价值链分工下世界主要区域高技能劳动要素收入影响因素

单位：%

项目		初级产品	劳动密集型制造业	资本密集型制造业	知识密集型制造业	劳动密集型服务业	资本密集型服务业	知识密集型服务业	健康、教育、公共服务业
北美	要素质量效应	-244.3	69.4	31.7	46.2	4616.8	-151.8	55.3	-18.9
	国内增加值效应	69.8	-13.4	-13.0	-11.9	-2463.7	113.4	-75.7	-11.0
	出口规模效应	274.6	43.9	81.3	65.7	-2053.1	138.4	120.5	129.9
	最终品出口效应	65.7	30.4	32.9	30.0	-271.1	31.5	18.2	27.0

续表

项目		初级产品	劳动密集型制造业	资本密集型制造业	知识密集型制造业	劳动密集型服务业	资本密集型服务业	知识密集型服务业	健康、教育、公共服务业
北美	中间品出口效应	166.4	6.2	35.4	23.2	-1294.6	80.1	78.4	78.1
	第三国出口效应	42.4	7.3	13.1	12.5	-487.4	26.8	23.8	24.8
欧盟15国	要素质量效应	36.0	57.7	25.5	28.4	-7.9	-13.7	-64.1	-24.5
	国内增加值效应	-14.8	-2.9	-24.4	-14.3	-5.9	-21.2	-16.9	-7.7
	出口规模效应	78.8	45.2	98.9	85.9	113.9	134.9	181.0	132.3
	最终品出口效应	21.3	39.4	40.6	46.2	38.1	31.6	24.7	36.6
	中间品出口效应	30.0	2.1	36.4	23.5	51.7	76.8	111.7	73.2
	第三国出口效应	27.4	3.7	22.0	16.2	24.1	26.5	44.6	22.4
东亚	要素质量效应	227.1	1224.3	-204.1	662.9	-62.7	-1342.8	-125.0	43.1
	国内增加值效应	24.6	484.7	-245.4	547.6	-119.8	-2180.3	-111.9	38.7
	出口规模效应	-151.8	-1609.0	549.5	-1110.4	282.5	3623.1	336.9	18.2
	最终品出口效应	21.3	39.4	40.6	46.2	38.1	31.6	24.7	36.6
	中间品出口效应	30.0	2.1	36.4	23.5	51.7	76.8	111.7	73.2
	第三国出口效应	27.4	3.7	22.0	16.2	24.1	26.5	44.6	22.4

续表

项目		初级产品	劳动密集型制造业	资本密集型制造业	知识密集型制造业	劳动密集型服务业	资本密集型服务业	知识密集型服务业	健康、教育、公共服务业
金砖国家	要素质量效应	7.7	-285.9	-61.9	16.5	-116.0	-54.2	20.4	-116.4
	国内增加值效应	-6.9	-293.6	-10.8	-69.1	-14.9	-16.6	-122.6	33.3
	出口规模效应	99.2	679.5	172.7	152.5	230.9	170.8	202.2	183.1
	最终品出口效应	1.6	533.3	57.4	85.7	50.5	5.6	79.6	51.1
	中间品出口效应	63.7	114.2	78.3	42.5	101.7	84.4	88.8	69.6
	第三国出口效应	33.9	32.0	37.1	24.3	78.8	80.8	33.7	62.3

根据表6-4的计算结果，要素质量对高技能劳动要素的影响进一步加强，特别是东亚地区高技能劳动要素质量提升更加明显，说明东亚地区高技能劳动要素质量明显提升。对于北美地区、欧盟15国高技能劳动要素质量保持在比较稳定的水平上。金砖国家高技能劳动要素质量出现了普遍下降，金砖国家要素质量对高技能劳动要素收入的影响方向为负，且影响程度逐渐增强，说明金砖国家的要素质量对高技能劳动要素的抑制作用显著，导致了高技能劳动要素收入的下降。

（二）世界主要区域中技能劳动收入提升的要素质量因素解析

要素质量在中技能劳动要素收入变动中的影响具有较大差异性。从表6-5的对比来看，北美地区要素质量对中技能劳动要素收入的影响程度逐渐降低，但不同行业的劳动要素质量出现了不同程度的提升或下降。在初级产品、劳动密集型服务业、资本密集型服务业行业，北美地区中技能劳动要素质量有所提升，进一步提高了劳动要素收入。在劳动密集型制造业、资本密集型制造业、知识密集型制造业、知识密集型服务业方面，要素质量效应影响均为正向，但较要素质量对整体劳动要素收入的影响程度出现了整体下降的趋势。说明以上行业的中技能劳动要素质量出现了小幅度的降低。欧盟 15 国要素质量对中技能劳动要素收入的影响呈现出两种趋势，在初级产品、劳动密集型制造业、资本密集型制造业和知识密集型制造业业内，要素质量的影响方向依旧为正，但影响程度出现了普遍的下降。在劳动密集型服务业、资本密集型服务业、知识密集型服务业和健康、教育、公共服务业内，要素质量的影响方向不变为负，但影响程度出现了普遍的增长。不论正向影响的程度下降还是负向影响的程度提高，都说明欧盟 15 国中技能劳动要素质量出现了普遍下降，进一步导致了中技能劳动要素收入的减少。东亚地区要素质量对中技能劳动要素收入的影响普遍为负，且较整体劳动要素收入的影响程度显著增强。其中在知识密集型服务业和健康、教育、公共服务业，要素质量提高了中技能劳动要素收入，说明在这两个行业东亚地区中技能劳动要素质量有所提升，进一步提升了中技能劳动要素收入。其他行业要素质量对中技能劳动要素收入的负向影响增强，进一步降低了中技能劳动要素收入。金砖国家要素质量对中技能劳动要素收入普遍为负向影响，且较整体劳动要素收入的影响程度更强，说明在大多数行业内，金砖国家中技能劳动要素质量下降导致了中技能劳动要素收入的减少。只有在初级产品、资本密集型服务业，其中技能劳动要素质量出现较大提升，进一步推动了该行业中技能劳动要素收入的提升。

表 6－5　全球价值链分工下世界主要区域中技能劳动要素收入影响因素

单位：%

项目		初级产品	劳动密集型制造业	资本密集型制造业	知识密集型制造业	劳动密集型服务业	资本密集型服务业	知识密集型服务业	健康、教育、公共服务业
北美	要素质量效应	－136.0	65.2	21.8	41.1	－171.5	－105.1	45.5	－35.5
	国内增加值效应	46.8	－15.4	－15.1	－13.2	145.4	91.7	－96.6	－12.8
	出口规模效应	189.2	50.2	93.3	72.0	126.1	113.4	151.2	148.3
	最终品出口效应	45.3	34.7	37.7	32.9	16.7	25.9	22.8	30.8
	中间品出口效应	114.7	7.1	40.6	25.4	79.5	65.6	98.4	89.2
	第三国出口效应	29.2	8.4	15.0	13.7	29.9	21.9	29.9	28.3
欧盟15国	要素质量效应	44.3	58.3	30.4	28.1	－18.0	－6.0	－70.2	－61.3
	国内增加值效应	－12.6	－2.8	－22.6	－14.3	－6.6	－19.5	－17.7	－10.2
	出口规模效应	68.3	44.5	92.2	86.2	124.5	125.5	187.9	171.5
	最终品出口效应	18.5	38.8	37.8	46.4	41.7	29.4	25.7	47.5
	中间品出口效应	26.0	2.1	33.9	23.6	56.5	71.4	115.9	94.9
	第三国出口效应	23.8	3.7	20.5	16.3	26.4	24.7	46.3	29.1

续表

项目		初级产品	劳动密集型制造业	资本密集型制造业	知识密集型制造业	劳动密集型服务业	资本密集型服务业	知识密集型服务业	健康、教育、公共服务业
东亚	要素质量效应	-300.3	-138.9	-95.2	-439.4	-120.5	-674.7	-37.9	52.8
	国内增加值效应	-74.3	-94.5	-153.5	-499.4	-167.6	-1164.4	-63.5	31.9
	出口规模效应	474.6	333.3	348.7	1038.8	388.1	1939.1	201.3	15.3
	最终品出口效应	21.3	39.4	40.6	46.2	38.1	31.6	24.7	36.6
	中间品出口效应	30.0	2.1	36.4	23.5	51.7	76.8	111.7	73.2
	第三国出口效应	27.4	3.7	22.0	16.2	24.1	26.5	44.6	22.4
金砖国家	要素质量效应	6.4	-161.5	-2.2	38.3	-77.3	-25.6	-14.7	-53.5
	国内增加值效应	-7.1	-193.8	-6.3	-46.2	-11.9	-13.1	-214.5	22.5
	出口规模效应	100.6	455.3	108.5	107.9	189.2	138.7	329.2	131.0
	最终品出口效应	1.6	357.3	36.0	60.6	41.3	4.5	129.6	36.6
	中间品出口效应	64.6	76.5	49.2	30.1	83.3	68.5	144.7	49.8
	第三国出口效应	34.4	21.4	23.3	17.2	64.5	65.6	55.0	44.6

（三）世界主要区域低技能劳动收入提升的要素质量因素解析

表6－6计算了主要地区低技能劳动要素收入的要素质量效应，从计算结果来看，要素质量对低技能劳动要素收入的影响程度整体减弱。具体来看，北美地区初级产品和劳动密集型服务业要素质量对低技能劳动要素收入的影响程度更加强烈，但影响方向为负，说明要素质量正在大幅度下降，从而降低了低技能劳动要素收入。其他行业均出现了不同程度的下降影响，但幅度不大。欧盟15国要素质量对低技能劳动要素收入的影响普遍下降，除了劳动密集型服务业、知识密集型服务业和健康、教育、公共服务业要素质量加强了对低技能劳动要素收入的负向影响，说明欧盟15国低技能劳动要素质量出现了普遍下降，低技能劳动要素收入减少。东亚地区要素质量对低技能劳动要素收入提升的影响作用增强。在初级产品、劳动密集型制造业、知识密集型制造业、资本密集型服务业、知识密集型服务业和健康、教育、公共服务业要素质量对低技能劳动要素收入的影响效应显著增强，其中资本密集型服务业特别显著，要素质量对低技能劳动要素收入的正向影响达到了278%，较大程度地提升了低技能劳动要素质量，增加了劳动要素收入。金砖国家要素质量对低技能劳动要素收入的负向影响逐渐显著，增加了负向影响程度，说明金砖国家低技能劳动要素质量下降，劳动要素收入出现普遍减少。

表6－6　全球价值链分工下世界主要区域低技能劳动要素收入影响因素

单位：%

项目		初级产品	劳动密集型制造业	资本密集型制造业	知识密集型制造业	劳动密集型服务业	资本密集型服务业	知识密集型服务业	健康、教育、公共服务业
北美	要素质量效应	－392.7	62.4	7.8	10.1	－584.3	－118.8	34.4	－36.6

续表

项目		初级产品	劳动密集型制造业	资本密集型制造业	知识密集型制造业	劳动密集型服务业	资本密集型服务业	知识密集型服务业	健康、教育、公共服务业
北美	国内增加值效应	101.2	-16.7	-18.1	-20.7	370.3	98.0	-120.2	-12.9
	出口规模效应	391.5	54.2	110.3	110.5	314.0	120.7	185.9	149.5
	最终品出口效应	93.7	37.5	44.6	50.4	41.5	27.5	28.1	31.1
	中间品出口效应	237.3	7.7	48.0	39.0	198.0	69.9	121.0	89.9
	第三国出口效应	60.5	9.0	17.7	21.1	74.5	23.4	36.7	28.5
欧盟15国	要素质量效应	41.7	50.5	21.6	23.3	-31.5	-2.6	-108.1	-43.5
	国内增加值效应	-13.3	-3.4	-25.8	-15.4	-7.5	-18.8	-22.4	-9.0
	出口规模效应	71.6	52.9	104.1	92.0	139.0	121.4	230.5	152.5
	最终品出口效应	19.4	46.1	42.7	49.5	46.5	28.5	31.5	42.2
	中间品出口效应	27.3	2.4	38.3	25.2	63.1	69.1	142.2	84.4
	第三国出口效应	24.9	4.4	23.1	17.4	29.4	23.9	56.8	25.9
东亚	要素质量效应	30.9	-33.6	-136.7	-115.4	-459.3	278.0	37.4	58.6
	国内增加值效应	-12.2	-49.7	-188.5	-191.7	-447.3	284.2	-21.6	27.8
	出口规模效应	81.3	183.3	425.1	407.1	1006.6	-462.2	84.2	13.6

续表

项目		初级产品	劳动密集型制造业	资本密集型制造业	知识密集型制造业	劳动密集型服务业	资本密集型服务业	知识密集型服务业	健康、教育、公共服务业
东亚	最终品出口效应	21.3	39.4	40.6	46.2	38.1	31.6	24.7	36.6
	中间品出口效应	30.0	2.1	36.4	23.5	51.7	76.8	111.7	73.2
	第三国出口效应	27.4	3.7	22.0	16.2	24.1	26.5	44.6	22.4
金砖国家	要素质量效应	-48.8	-57.8	-10.0	5.8	-59.6	-199.4	13.9	-50.5
	国内增加值效应	-13.1	-110.6	-6.9	-80.4	-10.5	-34.4	-139.6	22.0
	出口规模效应	161.9	268.4	116.9	174.6	170.1	333.8	225.7	128.6
	最终品出口效应	2.6	210.7	38.8	98.1	37.2	10.9	88.8	35.9
	中间品出口效应	103.9	45.1	53.0	48.7	74.9	164.9	99.2	48.9
	第三国出口效应	55.3	12.6	25.1	27.8	58.0	158.0	37.7	43.8

二、我国劳动收入提升的要素质量因素解析——分技能的考察

根据上一节对主要地区不同技能劳动要素收入变动的要素质量因素分析，本节继续对中国及其他典型国家劳动要素收入变动的要素质量因素进行分析，把中国从东亚地区剥离出来，从国家层面展开对比分析，真正地了解中国不同技能劳动要素收入变动的要素质量原因。

（一）我国高技能劳动收入提升的要素质量因素解析

从表6－7的计算结果来看，要素质量对高技能劳动要素收入的影响普遍增强，尤其是对中国的影响。中国高技能劳动要素质量效应相比整体劳动的要素质量效应影响为正，且比较显著。具体来看，只有初级产品行业要素质量对高技能劳动要素收入的影响方向是正向的，有促进高技能劳动要素收入提升的作用。在劳动密集型制造业、资本密集型制造业、知识密集型制造业、劳动密集型服务业、资本密集型服务业和知识密集型服务业行业，虽然要素质量效应的影响方向是负的，但是与整体劳动要素质量效应影响相对比，中国要素质量对高技能劳动要素收入具有较大的提升作用，说明在1995～2009年，中国高技能劳动要素质量出现显著提高，能够推动劳动要素收入的提升。例如在劳动密集型服务业行业，要素质量对整体的劳动要素收入的负向影响程度在99.2%，而要素质量对高技能劳动要素收入的负向影响程度只有10.4%，说明中国劳动密集型服务业的高技能劳动要素质量增长速度最快，对劳动要素收入的抑制作用减弱，有利于高技能劳动要素收入的提升。美国要素质量对高技能劳动要素收入的影响程度增强，但却加深了消极影响。在八大行业里，劳动密集型服务业和健康、教育、公共服务业的要素质量效应出现了正向影响，其他行业均在不同程度上增加了要素质量对高技能劳动要素的负向影响。说明美国的高技能劳动要素质量在不断降低，有可能出现阻碍高技能劳动要素收入提升的问题。日本的要素质量对高技能劳动要素收入的影响与要素质量对整体劳动要素收入的影响程度相当，有些效应差距但不大，说明日本高技能劳动要素质量与整体劳动要素质量发展水平在一个层次上。韩国要素质量对高技能劳动要素收入的影响主要方向为正向，在初级产品，劳动密集型制造业，知识密集型制造业，知识密集型服务业和健康、教育、公共服务业，要素质量对高技能劳动要素收入的正向影响效应显著增强，说明韩国高技能劳动要素质量在提升，有利于提升高技能劳动要素收入。但影响效应的增长幅度没有中国幅度大。在资本密集型制造业、劳动密集型服务业和资本密集型服务业行业，韩国要素质量扩大了对高技能劳动要素负向的影响作用，但波动幅度比较小，说明韩国在这三个行业高技能劳动要素质量出现了降低趋势，有可能将降低高技能劳动要素收入。德国要素质量对高技能劳动要素收入的影响效应在大多数行业均为正向，与要素质量对整体劳动要素收入的影响效应相比增长幅度不大，平均要素质量对高技能劳动要素影响效应增长了5%左右，说明德国的高技能劳动要素质量依旧在逐步提升，有利于推动劳动要素收入。英国要素质量对高技能劳动要素收入的负向影响效应增强，只有在劳动密集型制造业和健康、教育、公共服务业的正向影响效应有了小幅度的提高。说明英国高技能劳动要素质量出现了下降，未来有可能成为降低劳动要素收入的主要因素。巴西要素质量对高技能劳动要素收入的正向影响显著，在劳动密集型制造业、资本密集型制造业、知识密集型制造业、劳动密集型服务业、知识密集型服务业的要素质量影响效应有了显著提升，说明高技能劳动要素质量在大幅度提高，从而在一定程度上增加了高技能劳动要素收入。例如在资本密集型制造业，要素质量对整体劳动要素收入的正向影响效应为21.5%，而要素质量对高技能劳动要素收入的正向影响效应达到了476.4%，可见巴西在该行业高技能劳动要素质量提升幅度较大。印度的要素质量对高技能劳动要素收入的正向影响显著增强，在初级产品、劳动密集型制造业、资本密集型服务业、知识密集型服务业和健康、教育、公共服务业的影响效应显著，且影响程度较大。例如在资本密集型服务业行业，要素质量对该行业高技能劳动要素收入的正向影响作用显著增强，达到了179.4%，在该行业，要素质量对印度整体劳动要素收入的影响效应为反向消极影响，在94.4%左右。说明印度高技能劳动要素质量在以上行业大幅度提高，有利于提高劳动要素收入。

整体来看，中国、巴西和印度作为发展中国家其高技能劳动要素质量提升比较明显，要素质量效应对高技能劳动要素的促进作用显著，说明中国、巴西和印度在高技能劳动要素方面要素质量提升较快，有利于提升劳动要素收入。

表6-7　全球价值链分工下中国与其他主要国家高技能劳动要素收入影响因素

单位：%

项目		初级产品	劳动密集型制造业	资本密集型制造业	知识密集型制造业	劳动密集型服务业	资本密集型服务业	知识密集型服务业	健康、教育、公共服务业
中国	要素质量效应	23.6	-51.6	-74.0	-69.2	-10.4	-43.4	-16.2	-450.0
	国内增加值效应	-1.7	8.2	-9.9	-7.3	0.7	-3.3	1.0	1.0
	出口规模效应	78.1	143.5	183.9	176.5	109.8	146.7	115.2	549.0
	最终品出口效应	46.3	106.1	62.0	95.7	33.0	35.8	9.0	200.8
	中间品出口效应	17.6	21.3	90.7	52.6	57.6	76.7	90.2	267.4
	第三国出口效应	14.1	16.1	31.2	28.2	19.2	34.2	16.1	80.7
美国	要素质量效应	-159.0	49.5	18.0	25.7	453.7	-13.5	-14.8	-24.1
	国内增加值效应	-21.5	-2.8	-11.3	-1.9	6.0	-12.6	-1.6	-2.5
	出口规模效应	280.5	53.2	93.3	76.2	-359.7	126.1	116.5	126.6
	最终品出口效应	28.9	24.9	31.0	38.7	-58.0	26.9	17.1	17.1
	中间品出口效应	197.8	17.7	47.1	23.5	-115.3	62.7	75.4	82.3
	第三国出口效应	53.8	10.6	15.1	14.0	-186.4	36.6	24.0	27.2

续表

项目		初级产品	劳动密集型制造业	资本密集型制造业	知识密集型制造业	劳动密集型服务业	资本密集型服务业	知识密集型服务业	健康、教育、公共服务业
日本	要素质量效应	60.3	113.5	52.9	92.4	11.4	8.0	-74.3	-13.8
	国内增加值效应	-26.3	-9.2	-15.0	-20.4	-1.3	-26.4	-6.7	1.5
	出口规模效应	66.0	-4.3	62.1	28.0	89.8	118.3	181.0	112.3
	最终品出口效应	20.5	-9.9	35.6	8.4	44.3	59.9	115.1	63.7
	中间品出口效应	27.4	4.3	4.8	3.2	23.6	29.1	10.8	37.4
	第三国出口效应	18.1	1.3	21.7	16.5	21.9	29.3	55.1	11.2
韩国	要素质量效应	-12.7	-140.9	20.2	-10.1	18.7	-28.8	-6400.9	388.4
	国内增加值效应	18.6	15.6	-37.9	-19.4	-7.5	-120.2	-199.8	25.6
	出口规模效应	94.2	225.3	117.8	129.5	88.8	249.0	6700.7	-314.1
	最终品出口效应	56.8	80.5	74.9	49.8	46.0	157.4	3931.3	-175.3
	中间品出口效应	36.3	119.1	14.6	53.6	30.1	53.5	874.6	-90.5
	第三国出口效应	1.0	25.7	28.3	26.1	12.7	38.1	1894.9	-48.3

续表

项目		初级产品	劳动密集型制造业	资本密集型制造业	知识密集型制造业	劳动密集型服务业	资本密集型服务业	知识密集型服务业	健康、教育、公共服务业
德国	要素质量效应	43.3	53.9	27.4	34.1	3.0	-18.4	-20.3	-23.6
	国内增加值效应	-10.7	-6.3	-16.9	-17.1	-2.4	-16.3	-4.0	-22.6
	出口规模效应	67.4	52.4	89.5	83.0	99.4	134.7	124.3	146.2
	最终品出口效应	14.5	39.9	31.1	46.9	43.1	32.6	15.8	89.5
	中间品出口效应	33.8	8.0	38.7	21.4	37.8	77.0	80.5	42.7
	第三国出口效应	19.1	4.4	19.7	14.8	18.6	25.0	28.1	13.9
英国	要素质量效应	-848.7	78.3	67.9	72.5	-23.7	11.3	-63.4	-20.8
	国内增加值效应	-174.2	0.9	-10.3	-6.1	-2.0	-3.6	-7.6	-1.1
	出口规模效应	1122.9	20.8	42.3	33.6	125.7	92.3	171.0	122.0
	最终品出口效应	27.7	19.4	17.6	19.3	51.5	18.5	20.8	40.2
	中间品出口效应	491.8	0.3	14.5	7.6	58.0	59.0	92.4	65.3
	第三国出口效应	603.4	1.2	10.2	6.7	16.1	14.9	57.8	16.4

续表

项目		初级产品	劳动密集型制造业	资本密集型制造业	知识密集型制造业	劳动密集型服务业	资本密集型服务业	知识密集型服务业	健康、教育、公共服务业
巴西	要素质量效应	-33.4	148.1	476.4	188.0	-36.4	-12.2	123.0	99.6
	国内增加值效应	-9.2	-131.1	52.2	36.6	-6.0	-10.4	92.3	9.9
	出口规模效应	142.6	83.0	-428.6	-124.6	142.4	122.6	-115.2	-9.5
	最终品出口效应	3.4	27.7	-177.1	-76.3	49.5	23.5	-26.7	-1.6
	中间品出口效应	102.1	23.8	-181.4	-28.6	64.9	58.2	-45.1	-3.9
	第三国出口效应	37.1	31.5	-70.2	-19.7	28.0	40.9	-43.5	-4.0
印度	要素质量效应	7.2	-175.0	-48.8	-40.8	-52.1	179.4	-130.7	-4.4
	国内增加值效应	-2.7	-188.0	-20.0	-6.7	-1.7	46.0	2.5	-0.5
	出口规模效应	95.5	463.0	168.8	147.5	153.8	-125.4	228.1	104.9
	最终品出口效应	6.2	377.6	62.7	85.3	64.9	-15.3	97.5	37.3
	中间品出口效应	64.3	69.7	69.3	40.7	75.6	-62.9	100.8	36.1
	第三国出口效应	25.0	15.7	36.8	21.6	13.3	-47.2	29.8	31.5

（二）我国中技能劳动收入提升的要素质量因素解析

根据表6－8的计算结果可知，中国要素质量对中技能劳动要素收入的影响效应普遍增加了负向的影响，但是从影响程度的对比来看，要素质量对中技能劳动要素收入的影响程度与要素质量对劳动要素收入的影响程度相当，说明中国中技能劳动要素质量与整体劳动要素质量对劳动要素收入的作用程度一致，并没有大幅度的差距。其中在初级产品和劳动密集型服务业要素质量对中技能劳动要素收入的负向影响程度比要素质量对整体要素收入的负向影响程度大，分别为106.8%和108.5%。在健康、教育、公共服务业要素质量对中技能劳动要素收入的正向影响程度大幅度提升，达到了36960.1%。美国、日本、韩国、德国、英国要素质量对中技能劳动要素收入的影响效应与要素质量对整体劳动要素收入的影响方向相一致，只是存在部分影响程度不同，但波动幅度不大。以知识密集型制造业为例，美国、日本、韩国、德国、英国要素质量对中技能劳动要素收入的影响程度分别在17.3%、92.2%、4.8%、19.4%和73.9%；要素质量对整体劳动要素收入的影响程度分别在29.4%、92.8%、7.5%、28.4%和74.4%。可见以上发达国家的中技能劳动要素质量保持在一个稳定的阶段，且要素质量对高技能和中技能劳动要素收入的影响与整体劳动要素收入的影响保持一致。巴西在初级产品、资本密集型制造业、知识密集型制造业、资本密集型服务业和知识密集型服务业行业要素质量对中技能劳动要素收入出现了强烈的负向影响，影响程度比较显著。以资本密集型制造业为例，要素质量对中技能劳动要素收入的影响程度为负向的530%，要素质量对整体劳动要素收入的影响程度只有负向208.1%，可见巴西在该行业的中技能劳动要素质量大幅度下降，抑制了中技能劳动要素收入的提升，从而阻碍了巴西整体劳动要素收入的提升。印度要素质量对中技能劳动要素收入的影响效应普遍为显著的负向影响，以劳动密集型服务业为例，要素质量对中技能劳动要素收入的影响程度为负向的115.0%，要素质量对整体劳动要素收入的影响程度只为负向16.2%，说明该行业印度中技能劳动要素质量下降，进一步导致了劳动要素收入的下降。但印度在资本密集型服务业和知识密集型服务业要素质量对中技能劳动要素收入的影响效应显著为正，要素质量对中技能劳动要素收入的影响程度分别为272.5%和282.7%，要素质量对整体劳动要素收入的影响程度分别为94.4%和1078.1%，资本密集型服务业要素质量对整体劳动要素收入的影响为负向影响，而在要素质量对中技能劳动要素收入影响为正向影响；知识密集型服务业要素质量对整体劳动要素收入和中技能劳动要素收入均为负向影响，但由于影响程度大大降低，说明要素质量对中技能劳动要素收入的影响显著为正，可见其中技能劳动要素质量得到了显著增长。

表6-8　全球价值链分工下主要国家中技能劳动要素收入影响因素　单位：%

项目		初级产品	劳动密集型制造业	资本密集型制造业	知识密集型制造业	劳动密集型服务业	资本密集型服务业	知识密集型服务业	健康、教育、公共服务业
中国	要素质量效应	-106.8	-75.4	-96.7	-73.0	-108.5	-118.3	-43.4	36960.1
	国内增加值效应	-4.7	9.8	-11.4	-7.5	1.6	-5.7	1.4	-69.4
	出口规模效应	211.5	165.7	208.1	180.5	206.9	224.0	142.0	-36790.7
	最终品出口效应	125.5	122.5	70.2	97.9	62.1	54.7	11.1	-13460.4
	中间品出口效应	47.8	24.5	102.6	53.8	108.6	117.1	111.2	-17919.4
	第三国出口效应	38.3	18.6	35.3	28.8	36.2	52.2	19.8	-5410.9

续表

项目		初级产品	劳动密集型制造业	资本密集型制造业	知识密集型制造业	劳动密集型服务业	资本密集型服务业	知识密集型服务业	健康、教育、公共服务业
美国	要素质量效应	-1.7	48.7	20.4	17.3	-11.7	12.4	-44.4	-48.9
	国内增加值效应	-8.3	-2.8	-10.9	-2.1	-1.9	-9.7	-2.2	-3.1
	出口规模效应	110.0	54.1	90.5	84.8	113.6	97.3	146.6	152.0
	最终品出口效应	11.3	25.3	30.1	43.1	18.3	20.7	21.5	20.6
	中间品出口效应	77.5	18.0	45.7	26.2	36.4	48.3	94.9	98.8
	第三国出口效应	21.1	10.8	14.7	15.6	58.9	28.2	30.2	32.7
日本	要素质量效应	60.7	116.1	51.8	92.2	-8.3	31.8	-5.2	15.5
	国内增加值效应	-25.9	-11.0	-15.4	-21.0	-1.6	-19.3	-4.0	1.0
	出口规模效应	65.2	-5.1	63.6	28.8	109.9	87.5	109.1	83.5
	最终品出口效应	20.3	-11.8	36.4	8.6	54.2	44.3	69.4	47.4
	中间品出口效应	27.1	5.2	4.9	3.3	28.9	21.5	6.5	27.8
	第三国出口效应	17.9	1.5	22.3	16.9	26.8	21.6	33.2	8.3

续表

项目		初级产品	劳动密集型制造业	资本密集型制造业	知识密集型制造业	劳动密集型服务业	资本密集型服务业	知识密集型服务业	健康、教育、公共服务业
韩国	要素质量效应	-20.4	-48.8	10.1	4.8	-65.1	-369.8	331.5	-4825.2
	国内增加值效应	20.0	9.4	-44.2	-16.1	-16.4	-458.1	7.5	-426.0
	出口规模效应	100.4	139.5	134.2	111.3	181.5	927.9	-239.0	5351.3
	最终品出口效应	60.6	49.8	85.3	42.8	94.0	586.6	-140.2	2987.2
	中间品出口效应	38.7	73.7	16.6	46.1	61.5	199.4	-31.2	1541.8
	第三国出口效应	1.0	15.9	32.2	22.4	26.0	141.9	-67.6	822.3
德国	要素质量效应	42.7	48.8	23.4	19.4	-7.6	-37.6	-9.7	12.2
	国内增加值效应	-10.9	-7.1	-18.0	-21.4	-2.7	-19.5	-3.5	-16.0
	出口规模效应	68.1	58.3	94.6	102.0	110.3	157.1	113.2	103.8
	最终品出口效应	14.7	44.5	32.9	57.6	47.8	38.1	14.4	63.6
	中间品出口效应	34.2	8.9	40.9	26.3	41.9	89.9	73.3	30.3
	第三国出口效应	19.3	5.0	20.8	18.1	20.6	29.2	25.5	9.9

续表

项目		初级产品	劳动密集型制造业	资本密集型制造业	知识密集型制造业	劳动密集型服务业	资本密集型服务业	知识密集型服务业	健康、教育、公共服务业
英国	要素质量效应	-26.2	78.6	67.7	73.9	-2.9	-1.8	-35.8	-41.9
	国内增加值效应	-22.5	0.9	-10.4	-5.7	-1.5	-4.2	-6.0	-1.3
	出口规模效应	148.7	20.5	42.7	31.8	104.4	106.0	141.8	143.2
	最终品出口效应	3.7	19.1	17.8	18.2	42.8	21.2	17.3	47.3
	中间品出口效应	65.1	0.3	14.7	7.2	48.2	67.7	76.6	76.6
	第三国出口效应	79.9	1.1	10.3	6.4	13.4	17.1	47.9	19.3
巴西	要素质量效应	-154.6	93.8	-530.0	220.4	-35.8	-88.1	104.1	100.5
	国内增加值效应	-19.5	17.0	-85.1	49.7	-6.0	-19.4	16.5	16.2
	出口规模效应	274.1	-10.9	715.0	-170.1	141.8	207.5	-20.7	-16.7
	最终品出口效应	6.5	-3.6	295.4	-104.1	49.3	39.7	-4.8	-2.9
	中间品出口效应	196.3	-3.1	302.5	-39.1	64.6	98.5	-8.1	-6.8
	第三国出口效应	71.3	-4.1	117.0	-26.9	27.9	69.3	-7.8	-7.1

续表

项目		初级产品	劳动密集型制造业	资本密集型制造业	知识密集型制造业	劳动密集型服务业	资本密集型服务业	知识密集型服务业	健康、教育、公共服务业
印度	要素质量效应	-68.0	-115.0	-72.5	-74.5	-45.5	272.5	-282.7	12.1
	国内增加值效应	-5.6	-142.9	-23.7	-8.9	-1.6	96.9	4.7	-0.4
	出口规模效应	173.7	357.9	196.2	183.4	147.1	-269.4	378.0	88.3
	最终品出口效应	11.3	291.9	72.9	106.0	62.1	-32.9	161.5	31.4
	中间品出口效应	116.9	53.8	80.6	50.6	72.3	-135.1	167.1	30.4
	第三国出口效应	45.5	12.2	42.7	26.9	12.8	-101.4	49.4	26.5

（三）我国低技能劳动收入提升的要素质量因素解析

从表6-9的计算结果来看，中国要素质量对低技能劳动要素收入的负向影响增强，进一步降低了中国低技能劳动要素收入，拉低了整体劳动要素收入。在劳动密集型制造业、资本密集型制造业、知识密集型制造业、劳动密集型服务业和资本密集型服务业行业内要素质量对低技能劳动要素收入的负向影响程度加深，说明中国低技能劳动要素质量下降，抑制了中国劳动要素整体收入的增长。美国要素质量对低技能劳动要素的影响程度与对整体劳动要素收入的影响程度一致，由此可见，美国高、中、低技能劳动要素质量对于要素收入来说发展比较均衡，没有特别突出的技能劳动要素，也没有特别拖后腿的技能劳动要素。日本和韩国要素质量对低技能劳动要素收入的影响最大，呈现显著的正向影响，且程度较高。以资本密集型制造业为例，日本和韩国在该行业要素质量对低技能劳动要素收入影响程度分别在 1071. 3% 和 214. 1%，要素质量对整体劳动要素收入影响程度分别在 552. 5% 和 10. 7%，足以说明日本和韩国低技能劳动要素收入质量最高，有效地提升了劳动要素收入，对劳动要素收入起着决定性作用。德国和英国要素质量对低技能劳动要素收入的影响程度比对整体劳动要素影响程度低，但差距幅度不大，说明德国和英国八大行业低技能劳动要素质量具有下降趋势，但目前对低技能的影响效应与整体影响效应较一致，说明德国和英国劳动要素高、中、低技能要素质量发展平衡。巴西要素质量对低技能劳动要素收入普遍影响为负，以知识密集型服务业为例，巴西要素质量对低技能劳动要素收入的负向影响程度达到了 254. 6%，而要素质量对整体要素收入的影响方向为正向，且影响程度在 111. 3%，说明巴西低技能劳动要素质量在该行业出现了大幅度下降，抑制了该行业劳动要素收入的整体提升。在资本密集型制造业、知识密集型制造业和健康、教育、公共服务业的要素质量效应呈现显著的正向影响。以知识密集型制造业为例，巴西要素质量对低技能劳动要素收入的负向影响程度达到了 84. 5%，要素质量对整体要素收入的影响方向为负向，且影响程度在 208. 2%，说明低技能劳动要素质量对劳动要素收入的影响是正向的，一定程度上降低了该行业低技能劳动要素质量抑制劳动要素收入。印度要素质量对低技能劳动要素收入的影响主要呈负向影响，且低技能劳动要素质量对印度整体劳动要素收入提升的抑制性明显。如在资本密集型制造业要素质量对劳动要素收入的负向影响程度在 12. 3% 左右，而要素质量对低技能劳动要素收入的负向影响效应却达到了 154. 7%，说明印度该行业低技能劳动要素质量出现了明显下降，严重抑制了整体劳动要素收入的提升。在资本密集型服务业和知识密集型服务业方面，要素质量对低技能劳动要素收入的影响明显提高，且促进了劳动要素收入的提升。

表 6-9　全球价值链分工下中国与其他主要国家低技能劳动要素收入影响因素　　单位：%

项目		初级产品	劳动密集型制造业	资本密集型制造业	知识密集型制造业	劳动密集型服务业	资本密集型服务业	知识密集型服务业	健康、教育、公共服务业
中国	要素质量效应	21.4	-93.2	-108.9	-92.2	-422.3	-151.6	-11.0	520.6
	国内增加值效应	-1.7	11.0	-12.2	-8.6	4.6	-6.7	0.9	-0.8
	出口规模效应	80.3	182.3	221.2	200.8	517.6	258.4	110.1	-419.8
	最终品出口效应	47.6	134.8	74.6	108.9	155.4	63.1	8.6	-153.6
	中间品出口效应	18.1	27.0	109.1	59.8	271.7	135.1	86.2	-204.5
	第三国出口效应	14.5	20.5	37.5	32.1	90.5	60.2	15.4	-61.7
美国	要素质量效应	-67.7	42.1	6.4	-15.6	-191.7	8.2	-80.2	-38.0
	国内增加值效应	-13.8	-3.2	-13.0	-3.1	-4.9	-10.2	-2.8	-2.9
	出口规模效应	181.6	61.1	106.6	118.7	296.6	101.9	183.0	140.9
	最终品出口效应	18.7	28.5	35.4	60.3	47.8	21.7	26.8	19.0
	中间品出口效应	128.0	20.4	53.9	36.7	95.1	50.7	118.5	91.5
	第三国出口效应	34.8	12.2	17.3	21.8	153.7	29.6	37.7	30.3

续表

项目		初级产品	劳动密集型制造业	资本密集型制造业	知识密集型制造业	劳动密集型服务业	资本密集型服务业	知识密集型服务业	健康、教育、公共服务业
日本	要素质量效应	4308.2	85.6	1071.3	106.9	465.2	165.3	181.1	47.7
	国内增加值效应	3135.8	9.8	347.2	19.0	6.4	20.3	3.4	0.4
	出口规模效应	-7344.0	4.6	-1318.6	-25.9	-371.7	-85.6	-84.5	51.9
	最终品出口效应	-2279.7	10.8	-754.8	-7.7	-183.3	-43.4	-53.7	29.4
	中间品出口效应	-3048.0	-4.7	-102.2	-2.9	-97.6	-21.1	-5.1	17.3
	第三国出口效应	-2016.3	-1.4	-461.5	-15.2	-90.7	-21.2	-25.7	5.2
韩国	要素质量效应	39.4	47.9	214.1	211.6	156.1	133.6	140.5	150.2
	国内增加值效应	8.2	2.6	75.6	25.7	6.6	39.0	1.5	4.8
	出口规模效应	52.4	49.5	-189.7	-137.3	-62.7	-72.6	-41.9	-55.0
	最终品出口效应	31.7	17.7	-120.7	-52.8	-32.5	-45.9	-24.6	-30.7
	中间品出口效应	20.2	26.2	-23.4	-56.8	-21.3	-15.6	-5.5	-15.8
	第三国出口效应	0.5	5.6	-45.6	-27.7	-9.0	-11.1	-11.9	-8.5

续表

项目		初级产品	劳动密集型制造业	资本密集型制造业	知识密集型制造业	劳动密集型服务业	资本密集型服务业	知识密集型服务业	健康、教育、公共服务业
德国	要素质量效应	20.2	41.4	8.5	2.5	0.1	-33.5	-4.9	-6.7
	国内增加值效应	-16.1	-8.3	-22.1	-26.4	-2.5	-18.8	-3.3	-19.5
	出口规模效应	95.9	66.8	113.6	124.0	102.4	152.2	108.2	126.2
	最终品出口效应	20.6	51.0	39.5	70.0	44.3	36.9	13.7	77.3
	中间品出口效应	48.1	10.2	49.1	31.9	38.9	87.1	70.0	36.9
	第三国出口效应	27.2	5.7	25.0	22.1	19.1	28.3	24.4	12.0
英国	要素质量效应	26.0	77.8	65.3	72.3	12.6	10.9	-73.5	14.2
	国内增加值效应	-12.9	0.9	-11.2	-6.1	-1.2	-3.6	-8.1	-0.7
	出口规模效应	86.9	21.3	45.9	33.8	88.6	92.7	181.6	86.5
	最终品出口效应	2.1	19.8	19.1	19.4	36.3	18.6	22.1	28.6
	中间品出口效应	38.1	0.3	15.8	7.6	40.9	59.2	98.1	46.3
	第三国出口效应	46.7	1.2	11.1	6.8	11.4	14.9	61.4	11.7

续表

项目		初级产品	劳动密集型制造业	资本密集型制造业	知识密集型制造业	劳动密集型服务业	资本密集型服务业	知识密集型服务业	健康、教育、公共服务业
巴西	要素质量效应	-41.2	102.8	47.9	-84.5	6.6	-67.8	-254.6	101.9
	国内增加值效应	-9.8	-7.6	-6.2	-73.3	-3.9	-17.0	-1425.1	25.3
	出口规模效应	151.0	4.8	58.3	257.8	97.3	184.8	1779.7	-27.2
	最终品出口效应	3.6	1.6	24.1	157.9	33.8	35.4	412.2	-4.6
	中间品出口效应	108.1	1.4	24.7	59.2	44.3	87.8	696.0	-11.0
	第三国出口效应	39.3	1.8	9.5	40.7	19.2	61.7	671.5	-11.5
印度	要素质量效应	-75.4	-82.0	-154.7	-93.2	-41.0	266.7	-328.0	-13.1
	国内增加值效应	-5.9	-118.0	-36.7	-10.1	-1.5	93.8	5.3	-0.6
	出口规模效应	181.3	300.0	291.5	203.4	142.5	-260.5	422.8	113.7
	最终品出口效应	11.8	244.7	108.3	117.5	60.1	-31.8	180.7	40.4
	中间品出口效应	122.1	45.1	119.7	56.0	70.0	-130.7	186.8	39.1
	第三国出口效应	47.5	10.2	63.5	29.8	12.4	-98.0	55.3	34.1

通过以上分析了解到，中国高技能劳动要素质量效应显著为正，低技能劳动质量效应显著为负，说明在整体劳动要素质量方面，高技能劳动要素中和了中国整体劳动要素质量的不足，低技能劳动要素进一步拉低了中国整体劳动要素质量，可见中国高技能劳动要素质量得到了明显提升。这一效应通过劳动要素的就业情况就能够一目了然。1995～2009年，以就业小时表示的中国高技能劳动要素就业量增加了2.25倍，而中等技能和低技能劳动要素就业量仅增加了22.5%。此现象一方面说明了中国高技能劳动要素质量提升了整体劳动要素质量，另一方面也凸显了中国劳动要素质量差异化发展的问题。对于美国、日本、韩国等发达国家，其高技能劳动要素质量效应、中技能劳动要素质量效应、低技能劳动要素质量效应与整体劳动要素质量效应相当，说明发达国家的劳动要素收入在高、中、低三种技能的劳动要素间存在较小差异，因此能够实现整体劳动要素收入最大化。而中国高技能劳动要素质量虽然实现较大提升，但中、低技能的劳动要素质量依旧停滞不前，甚至出现了倒退的现象，造成中国劳动要素质量差异化问题，从而拉低了整体的劳动要素收入，也导致了中国与美国等发达国家劳动要素收入差距拉大的情况。

第四节 全球价值链分工下我国劳动收入与要素质量的分阶段考察

本节选取了对中国经济发展甚为重要的事件作为时间节点，包括1995年党的十四届三中全会后，我国社会主义市场经济体制逐渐建立起来、2001年中国加入世界贸易组织、2008年的全球金融危机。通过划分以上时间节点，对我国劳动要素收入变动的要素质量因素进行阶段性考察，进一步分析我国劳动要素收入与要素质量，具体结果如表6－10所示。

表 6-10　全球价值链分工下中国劳动要素收入影响因素分析　单位：%

项目		初级产品	劳动密集型制造业	资本密集型制造业	知识密集型制造业	劳动密集型服务业	资本密集型服务业	知识密集型服务业	健康、教育、公共服务业
1995~2001年	要素质量效应	91.9	-127.3	-6.7	-10.8	-29.8	-213.1	-4.6	-90.4
	国内增加值效应	0.4	12.4	-2.3	-3.5	0.2	-9.5	0.7	-0.8
	出口规模效应	7.7	214.9	109.0	92.7	129.6	322.6	103.9	191.2
	最终品出口效应	45.5	174.6	17.3	48.4	28.2	99.7	7.5	76.6
	中间品出口效应	-16.2	11.6	60.9	25.6	77.0	158.7	83.8	76.1
	第三国出口效应	-21.7	28.7	30.8	18.7	24.4	64.2	12.6	38.6
2002~2007年	要素质量效应	45.5	-61.4	-170.3	-123.7	-231.0	-134.4	-17.4	61.6
	国内增加值效应	-5.9	-0.5	-33.5	-22.7	-5.0	-18.8	-4.7	3.5
	出口规模效应	60.4	161.9	303.9	246.5	335.9	253.2	122.1	34.9
	最终品出口效应	35.1	122.8	61.5	132.2	95.4	59.5	9.8	21.6
	中间品出口效应	13.7	24.9	170.9	72.9	185.3	144.1	89.3	3.5
	第三国出口效应	11.6	14.2	71.4	41.4	55.2	49.6	23.0	9.7

续表

项目		初级产品	劳动密集型制造业	资本密集型制造业	知识密集型制造业	劳动密集型服务业	资本密集型服务业	知识密集型服务业	健康、教育、公共服务业
2008 ~ 2009 年	要素质量效应	-6421.5	30.8	5.1	23.5	15.8	17.9	21.0	19.4
	国内增加值效应	-1228.1	-30.4	-22.4	-48.3	-9.4	-23.0	-24.2	-14.4
	出口规模效应	7749.6	99.6	117.3	124.8	93.6	105.1	103.2	95.0
	最终品出口效应	-794.2	69.9	13.1	61.1	12.0	26.1	9.5	34.7
	中间品出口效应	5531.7	18.3	65.5	33.3	68.5	89.6	63.8	42.0
	第三国出口效应	3012.1	11.4	38.6	30.3	13.1	-10.6	29.8	18.3

1995 ~2001 年，出口规模效应对中国劳动要素收入在大多数行业的影响较强，且细分贸易路径，发现在初级产品、劳动密集型制造业、知识密集型制造业方面最终品出口对出口规模效应贡献明显，其他行业的直接中间品出口贡献明显。要素质量效应在部分行业内的作用比较强。例如在初级产品行业，中国要素质量对劳动要素收入的影响效应超过了出口规模，正向的影响程度达到了 91.9%，说明在这一阶段，中国初级产品的生产水平和加工水平提升显著。同时，中国在知识密集型制造业方面的要素质量效应影响方向为正。这是由于改革开放以来，中国大规模的引进国外的先进技术，并于 20 世纪 90 年代达到高潮。

2002 ~2007 年中国加入 WTO 初级阶段，可见要素质量效应对劳动要素收入的影响较 1995 ~2001 年普遍增强，但是整体影响方向为负。这是由于中国加入 WTO 后，大量的劳动要素参与到全球价值链分工，但相对应的劳动收入份额却没有提升的原因导致。

2008～2009年，出口规模对中国劳动要素收入的影响效应降低，金融危机发生后，中国进入贸易转型加速发展阶段，以加工贸易为主的贸易规模出现了转变，不再以大出大进的模式发展，导致了出口规模效应下降。但这一阶段，中国要素质量对拉动要素收入的影响效应由之前的负向影响转变为了正向影响。只有初级产品方面，要素质量影响依旧为消极的影响。但从其他行业来看，这一阶段中国劳动要素质量整体提升，单位劳动要素创造的增加值显著提高。

第七章

全球价值链分工下要素质量对劳动收入影响的实证检验

第一节　实证模型与数据来源

一、实证模型构建

第六章的理论模型提供了要素质量、增加值出口额与劳动收入的具体逻辑关系，据此本节设定以下实证模型：

$$labor\_i = \alpha + \beta_1 \times lnlabor\_q + \beta_2 \times lnVAX + \beta_3 \times lnGO + \beta_4 \times lnSUM + \beta_5 \times lnVA + \gamma_t + \delta + \varepsilon \tag{7.1}$$

labor_i 为劳动收入，即被解释变量；lnlabor_q 为劳动要素质量的对数，用于解释要素质量对不同行业劳动收入的影响；lnVAX 为增加值出口额的对数，用于解释增加值出口额对不同行业劳动收入的影响；lnGO 为工业总产值的对数，用于解释工业总产值对不同行业劳动收入的影响；lnSUM 为总出口的对数，用于解释行业产出对行业劳动收入的影响；lnVA 为增加值总额的对数，用于解释增加值总额对不同行业劳动收入的影响。同时控制时间变量 γ_t 和产业变量 δ。α 代表截距，β_1 是与劳动要素质量相联系的参数，表示在其他条件不变的情况下劳动要素质量对劳动收入变动的弹性；β_2 是与增加值出口额相联系的参数，表示在其他条件不变的情况下增加值出口额对劳动收入变动的弹性；β_3 是与工业总产值相联系的参数，表示在其他条件不变的情况下工业总产值对劳动收入变动的弹性，以此类推。

其他模型：

$$\begin{aligned} Hlabor\_i = \alpha + \beta_1 \times lnHlabor\_q + \beta_2 \times lnHVAX + \beta_3 \times lnGO \\ + \beta_4 \times lnSUM + \beta_5 \times lnVA + \gamma_t + \delta + \varepsilon \end{aligned} \tag{7.2}$$

$$\begin{aligned} Mlabor\_i = \alpha + \beta_1 \times lnMlabor\_q + \beta_2 \times lnMVAX + \beta_3 \times lnGO \\ + \beta_4 \times lnSUM + \beta_5 \times lnVA + \gamma_t + \delta + \varepsilon \end{aligned} \tag{7.3}$$

$$\begin{aligned} Llabor\_i = \alpha + \beta_1 \times lnLlabor\_q + \beta_2 \times lnLVAX + \beta_3 \times lnGO \\ + \beta_4 \times lnSUM + \beta_5 \times lnVA + \gamma_t + \delta + \varepsilon \end{aligned} \tag{7.4}$$

其中，Hlabor_i、Hlabor_q 和 HVAX 分别代表高技能要素收入、要素质量和增加值出口额；Mlabor_i、Mlabor_q 和 MVAX 分别代表中技能要素收入、要素质量和增加值出口额；Llabor_i、Llabor_q 和 LVAX 分别代表低技能要素收入、要素质量和增加值出口额。

二、数据说明与描述性统计

数据选取中国 35 个行业的 1995 ~ 2009 年的面板数据进行回归分析。中国各产业的增加值出口额来源于世界投入产出数据库（WIOD）的世界投入产出表（WIOTs）（2013 年版）。各产业的工业总产值、增加值总额来自 WIOD 社会经济核算账户（socio-economic accounts, SEA）。劳动收入和劳动要素质量根据 WIOD 数据库社会经济核算账户计算得到。需要特别说明的是，由于 WIOD 数据库在 2016 年更新数据暂未更新劳动要素薪酬、雇用人数等信息，因此本章只能利用 WIOD 数据库在 2013 年更新的数据进行计算。

描述性统计如表 7 - 1 所示，主要观察国家为中国，1995 ~ 2009 年一共15年，共有35个行业，由于有缺失值，收集数据样本量为487[①]。观察均值可以发现，各变量的均值在-10.835~13.634，方差显示总出口的波动最大为2.986，在最小值方面，低技能劳动要素质量的对数值最小为-13.558；在最大值方面，工业总产值的对数值最大为16.106。

表7-1　　描述性统计分析

变量	Obs	Mean	Std. Dev.	Min	Max
labor_i	487	0.272	0.394	0.000	2.437
Hlabor_i	487	0.381	0.557	0.000	3.531
Mlabor_i	487	0.280	0.398	0.000	2.530
Llabor_i	487	0.241	0.339	0.000	2.140
lnlabor_q	487	-10.720	1.041	-13.429	-8.282
lnHlabor_q	487	-10.401	1.022	-13.249	-7.990
lnMlabor_q	487	-10.689	1.027	-13.413	-8.243
lnLlabor_q	487	-10.835	1.035	-13.558	-8.386
lnVAX	487	7.939	2.953	-7.701	12.753
lnGO	487	13.634	1.016	10.586	16.106
lnSUM	487	8.099	2.986	-7.663	13.156
lnVA	487	12.605	0.994	9.668	15.075

第二节　基本回归结果与实证检验

实证结果主要包括相关系数矩阵、基本回归、稳健性检验和内生型检验。

① 其中部分行业数据不全，将其剔除。需要说明的是部分行业数据缺失，房产行业只有1996年、1999年、2000年、2002年、2003年、2005年、2006年、2007年等8年的数据，而卫生与社会行业缺少2002年的数据。

一、相关系数矩阵

如表 7－2 所示，劳动收入与劳动要素质量、增加值出口额、工业总产值、总出口和增加值总额的相关系数都是正的，即均为正相关。

表 7－2　　各变量相关性分析

变量	labor_i	lnlabor_q	lnVAX	lnGO	lnSUM	lnVA
labor_i	1.000					
lnlabor_q	0.223*	1.000				
lnVAX	0.449*	－0.236*	1.000			
lnGO	0.231*	－0.524*	0.291*	1.000		
lnSUM	0.461*	－0.228*	1.000*	0.296*	1.000	
lnVA	0.045	－0.598*	0.119*	0.925*	0.118*	1.000

注：* 表示在 5% 的置信水平上显著。

二、基本回归

本书使用 Stata 14 软件对中国 35 个行业 1995～2009 年的面板数据进行实证分析。利用 LSDV（最小二乘虚拟变量法）对个体效应进行检验，发现多数个体虚拟变量均显著（$p < 0.05$），所以认为存在个体效应，不应使用混合回归。另外可知固定效应模型的 F 值等于 18.41，p 值等于 0.0000，故强烈拒绝原假设，而认为固定效应模型明显优于混合回归。考虑到固定效应模型能够非常有效地将未观察到的行业层次的固定因素纳入计算，因而本书采用固定效应模型进行分析。

固定效应模型的回归结果如表 7-3 所示，模型（1）说明在其他条件不变的情况下，要素质量对要素收入的影响显著为正（$p<0.01$），且说明劳动要素质量提高 1%，则劳动收入会提高 0.206%，即要素收入随着要素质量的增加而增加；增加值出口额对要素收入的影响显著为负（$p<0.01$），且说明增加值出口额提高 1%，则劳动收入会下降 0.850%。模型（2）说明在其他条件不变的情况下，高技能要素质量对高技能劳动要素收入的影响显著为正（$p<0.01$），说明高技能劳动要素质量提高 1%，高技能劳动收入会提高 0.266%，即高技能劳动要素收入随着高技能要素质量的增加而增加；增加值出口额对高技能劳动要素收入的影响显著为负（$p<0.1$），且说明增加值出口额提高 1%，则劳动收入会下降 0.109%。模型（3）说明在其他条件不变的情况下，中技能要素质量对中技能劳动要素收入的影响显著为正（$p<0.01$），且中技能劳动要素质量提高 1%，中技能劳动收入将提高 0.207%，即中技能劳动要素收入随着中技能要素质量的增加而增加；增加值出口额对中技能劳动要素收入的影响显著为负（$p<0.01$），且说明增加值出口额提高 1%，则劳动收入会下降 0.434%。模型（4）说明在其他条件不变的情况下，低技能要素质量对低技能劳动要素收入的影响显著为正（$p<0.01$），且低技能劳动要素质量提高 1%，低技能劳动收入将提高 0.200%，即低技能劳动要素收入随着低技能要素质量的增加而增加；增加值出口额对低技能劳动要素收入的影响显著为正（$p<0.1$），且说明增加值出口额提高 1%，则劳动收入会增加 0.114%。

表 7-3　　劳动要素质量、增加值出口固定效应分析结果

变量	模型（1）	模型（2）	模型（3）	模型（4）
	labor_i	Hlabor_i	Mlabor_i	Llabor_i
lnlabor_q	0.206*** (0.0726)			

续表

变量	模型（1）	模型（2）	模型（3）	模型（4）
	labor_i	Hlabor_i	Mlabor_i	Llabor_i
lnHlabor_q		0.261 *** (0.0726)		
lnMlabor_q			0.219 *** (0.0463)	
lnLlabor_q				0.203 *** (0.0385)
lnVAX	-0.850 ** (0.357)	-0.109 * (0.083)	-0.434 *** (0.132)	0.114 * (0.059)
lnGO	0.703 *** (0.128)	1.243 *** (0.156)	0.818 *** (0.106)	0.730 *** (0.090)
lnSUM	0.877 ** (0.356)	0.148 * (0.0838)	0.462 *** (0.132)	-0.0890 (0.0593)
lnVA	-0.439 *** (0.120)	-0.946 *** (0.168)	-1.000 *** (0.165)	-0.330 *** (0.103)
Constant	-1.805 ** (0.756)	-3.812 ** (1.258)	-1.966 *** (0.744)	-1.870 ** (0.618)
年度效应	Yes	Yes	Yes	Yes
行业效应	Yes	Yes	Yes	Yes
观察结果	487	487	487	487
R^2	0.440	0.448	0.454	0.446

注：括号内数字为标准差；***、** 和 * 分别表示在 1%、5% 和 10% 的置信水平上显著。

三、稳健性检验

为了使本书研究结论更为稳健可靠，本书选用全员劳动生产率，即增加值总额和员工人数的比例 l_r 代替劳动要素质量 labor_q、lnHlabor_q、lnMlabor_q、lnLlabor_q，选用增加值出口率即一国增加值出口额与总出口之比 lnVB 代替增加值出口额 lnVAX，重新上述回归分析，结果如表 7－4所示。

表 7－4　　劳动要素质量、增加值出口固定效应分析稳健性检验结果

变量	模型（1）	模型（2）	模型（3）	模型（4）
	labor_i	Hlabor_i	Mlabor_i	Llabor_i
lnl_r	0.136** (0.0692)	0.179* (0.0999)	0.147** (0.0683)	0.146** (0.0578)
lnVB	−0.881** (0.371)	−1.186** (0.535)	−0.834** (0.366)	0.655** (0.310)
lnGO	0.744*** (0.139)	1.074*** (0.201)	0.770*** (0.137)	0.640*** (0.116)
lnSUM	0.0259*** (0.00629)	0.0361*** (0.00908)	0.0259*** (0.00621)	0.0218*** (0.00526)
lnVA	−0.620*** (0.167)	−0.877*** (0.242)	−0.643*** (0.165)	−0.550*** (0.140)
Constant	−2.740*** (0.803)	−4.116*** (1.159)	−2.830*** (0.793)	−2.208*** (0.671)
年度效应	Yes	Yes	Yes	Yes
行业效应	Yes	Yes	Yes	Yes
观察结果	487	487	487	487
R^2	0.421	0.434	0.435	0.420

注：括号内数字为标准差；***、** 和 * 分别表示在 1%、5% 和 10% 的置信水平上显著。

模型（1）说明在其他条件不变的情况下，劳动生产率对劳动收入的影响显著为正（$p<0.05$），要素收入随着劳动生产率的增加而增加，验证了上面的劳动要素质量对劳动收入显著正向影响的结果；增加值出口额对要素收入的影响显著为负（$p<0.05$），验证了上面的增加值出口额对劳动收入显著负向影响结果。模型（2）说明在其他条件不变的情况下，劳动生产率对高技能劳动收入的影响显著为正（$p<0.1$），高技能劳动收入随着劳动生产率的增加而增加，验证了上面的高技能劳动要素质量对高技能劳动收入显著正向影响的结果；增加值出口额对高技能劳动要素收入的影响显著为负（$p<0.05$），验证了上面的增加值出口额对高技能劳动要素收入显著负向影响结果。模型（3）说明在其他条件不变的情况下，劳动生产率对中技能劳动收入的影响显著为正（$p<0.05$），中技能劳动收入随着劳动生产率的增加而增加，验证了上面的中技能劳动要素质量对中技能要素收入显著正向影响的结果；增加值出口额对要素收入的影响显著为负（$p<0.05$），验证了上面的增加值出口额对中技能劳动要素收入显著负向影响结果。模型（4）说明在其他条件不变的情况下，劳动生产率对低技能劳动收入的影响显著为正（$p<0.05$），低技能劳动收入随着劳动生产率的增加而增加，验证了上面的低技能劳动要素质量对低技能劳动收入显著正向影响的结果；增加值出口额对低技能劳动要素收入的影响显著为正（$p<0.05$），验证了上面的增加值出口额对劳动收入显著正向影响结果。

四、内生性检验

为了排除内生性问题，本书采用面板工具变量法进行 2SLS - FE（固定效应二阶段最小二乘法）回归，进而进行内生性估计和检验，如表 7 - 5 所示。

表7-5 劳动要素质量、增加值出口固定效应分析内生性检验结果

变量	模型（1）	模型（2）	模型（3）	模型（4）
	labor_i	Hlabor_i	Mlabor_i	Llabor_i
lnlabor_q	0.188*** (0.0549)			
lnHlabor_q		0.239*** (0.0828)		
lnMlabor_q			0.190*** (0.0546)	
lnLlabor_q				0.177*** (0.0450)
lnVAX	-0.780** (0.359)	-1.060** (0.521)	-0.721** (0.355)	-0.559* (0.300)
lnGO	0.726*** (0.131)	1.053*** (0.191)	0.741*** (0.129)	0.612*** (0.109)
lnSUM	0.0340*** (0.00786)	0.0471*** (0.0114)	0.0337*** (0.00775)	0.0289*** (0.00655)
lnVA	-0.456*** (0.123)	-0.669*** (0.178)	-0.453*** (0.121)	-0.355*** (0.102)
年度效应	Yes	Yes	Yes	Yes
行业效应	Yes	Yes	Yes	Yes
观察结果	450	450	450	450
R^2	0.436	0.444	0.450	0.441
不可识别检验	342.451	333.055	340.261	340.010
P-val	0.0000	0.0000	0.0000	0.0000
弱识别检验	914.139	789.544	882.366	878.841
工具变量过度识别检验	0.409	0.137	0.661	0.490
P-val	0.5223	0.7109	0.4161	0.4838

注：括号内数字为标准差；***、**和*分别表示在1%、5%和10%的置信水平上显著。

模型（1）将核心变量要素质量 lnlabor_q 作为内生变量，其滞后一期和劳动要素工作总时数作为工具变量进行 2SLS－FE 回归，其中不可识别检验值为 342.451，P－val 值小于 0.05，拒绝原假设，说明选取的工具变量通过了不可识别检验；弱工具变量检验值为 914.139，说明选取的工具变量通过了弱工具变量检验；过度识别检验值为 0.409，P－val值大于 0.05，说明选取的工具变量通过了过度识别检验。进一步分析实证结果，模型（1）说明在其他条件不变的情况下，要素质量对劳动收入的影响显著为正，进而验证了上面的结论。

模型（2）将核心变量高技能劳动要素质量 lnHlabor_q 作为内生变量，其滞后一期和高技能劳动要素工作总时数作为工具变量进行 2SLS－FE 回归，发现过度识别检验中的 P－val 值大于 0.05，说明选取的工具变量没有通过过度识别检验，说明选取的工具变量无效。进一步选择高技能劳动要素质量 lnHlabor_q 的滞后一期和高技能劳动报酬作为工具变量进行 2SLS－FE 回归，其中不可识别检验值为 333.055，P－val 值小于 0.05，拒绝原假设，说明选取的工具变量通过了不可识别检验；弱工具变量检验值为 789.544，说明选取的工具变量通过了弱工具变量检验；过度识别检验值为 0.137，P－val 值大于 0.05，说明选取的工具变量通过了过度识别检验。进一步分析实证结果，模型（2）说明在其他条件不变的情况下，高技能要素质量对高技能劳动收入的影响显著为正，进而验证了上面的结论。

模型（3）将核心变量中技能要素质量 lnMlabor_q 作为内生变量，其滞后一期和中技能劳动要素的工作总时数作为工具变量进行 2SLS－FE 回归，其中不可识别检验值为 340.261，P－val 值小于 0.05，拒绝原假设，说明选取的工具变量通过了不可识别检验；弱工具变量检验值为 882.366，说明选取的工具变量通过了弱工具变量检验；过度识别检验值为 0.661，P－val 值大于 0.05，说明选取的工具变量通过了过度识别检验。进一步分析实证结果，模型（3）说明在其他条件不变的情况下，中技能劳动要素质量对中技能劳动收入的影响显著为正，进而验证了上面的结论。

模型（4）将核心变量低技能要素质量 lnLlabor_q 作为内生变量，其滞后一期和低技能劳动要素工作总时数作为工具变量进行 2SLS - FE 回归，其中不可识别检验值为 340.010，P - val 值小于 0.05，拒绝原假设，说明选取的工具变量通过了不可识别检验；弱工具变量检验值为 878.841，说明选取的工具变量通过了弱工具变量检验；过度识别检验值为 0.490，P - val 值大于 0.05，说明选取的工具变量通过了过度识别检验。进一步分析实证结果，模型（4）说明在其他条件不变的情况下，低技能要素质量对低技能劳动收入的影响显著为正，进而验证了上面的结论。

五、异质性检验

（一）整体要素质量、增加值出口和劳动收入回归

根据表 7 - 6，对要素质量分行业分析发现，由模型（1）、模型（2）、模型（4）、模型（7）和模型（8）可知，初级和自然资源、劳动密集型制造业、知识密集型制造业、知识密集型服务业和健康、教育、公共服务业，要素质量对劳动收入的影响显著为正，说明以上行业的要素质量会提高该行业的劳动收入；由模型（3）、模型（5）和模型（6）可知，资本密集型制造业、劳动密集型服务业和资本密集型服务业行业，要素质量对劳动要素收入的影响不显著。由模型（1）、模型（4）、模型（7）可知，初级和自然资源、知识密集型制造业和知识密集型服务业，要素质量对劳动收入的影响显著为正，说明以上行业的要素质量会提高该行业的劳动收入；由模型（2）、模型（3）、模型（5）、模型（6）和模型（8）可知，劳动密集型制造业、资本密集型制造业、劳动密集型服务业、资本密集型服务业行业和健康、教育、公共服务业，增加值出口额对劳动要素收入的影响不显著。

表 7-6 整体要素质量、增加值出口分行业实证分析结果

变量	模型（1）	模型（2）	模型（3）	模型（4）	模型（5）	模型（6）	模型（7）	模型（8）
	初级和自然资源	劳动密集型制造业	资本密集型制造业	知识密集型制造业	劳动密集型服务业	资本密集型服务业	知识密集型服务业	健康、教育、公共服务业
lnlabor_q	0.249*** (0.0316)	0.288*** (0.0319)	1.885 (2.740)	0.0901*** (0.00837)	0.195 (0.295)	5.62e-05 (0.000875)	0.285*** (0.0708)	0.0738** (0.0256)
lnVAX	6.477*** (0.760)	-0.0978 (0.218)	3.168 (6.034)	-0.572* (0.332)	-2.649 (2.008)	-0.140 (0.123)	-4.757*** (1.573)	0.199 (0.788)
lnGO	0.622*** (0.0780)	0.0158 (0.107)	4.629 (3.808)	-0.249*** (0.0419)	0.958 (0.609)	0.00228 (0.0141)	-0.669*** (0.214)	0.120 (0.223)
lnSUM	0.349*** (0.0156)	0.192*** (0.0291)	-0.393 (0.235)	0.0114*** (0.00252)	0.162 (0.115)	0.00235*** (0.000498)	0.0183 (0.0116)	0.0789*** (0.0217)
lnVA	-0.638*** (0.0924)	0.0911 (0.101)	-2.658 (3.801)	0.328*** (0.0424)	-0.727 (0.786)	0.00637 (0.0213)	0.604** (0.253)	-0.0544 (0.190)
Constant	0.388 (0.241)	0.203 (0.415)	-5.862 (28.41)	0.257** (0.0977)	-3.680 (2.551)	-0.122 (0.114)	3.438*** (0.572)	-0.663 (0.376)
年度效应	Yes	Yes	Yes	Yes	Yes	Yes	Yes	Yes
观察结果	60	90	30	75	60	59	83	30
R^2	0.969	0.905	0.911	0.827	0.907	0.711	0.804	0.989

注：括号内数字为标准差；***、** 和 * 分别表示在 1%、5% 和 10% 的置信水平上显著。

（二）高技能要素质量、高技能增加值出口和高技能劳动收入回归

将高技能要素质量分行业分析发现，由表7-7的模型（1）、模型（2）、模型（4）、模型（5）、模型（6）和模型（7）可知，初级和自然资源、劳动密集型制造业、知识密集型制造业、劳动密集型服务业、资本密集型服务业和知识密集型服务业，高技能要素质量对高技能劳动收入的影响显著为正；由模型（3）和模型（8）可知，资本密集型制造业和健康、教育、公共服务业资本密集型服务业行业，高技能要素质量对高技能要素收入的影响不显著。由模型（1）、模型（3）、模型（4）、模型（5）、模型（6）和模型（7）可知，初级和自然资源、资本密集型制造业、知识密集型制造业、劳动密集型服务业、资本密集型服务业和知识密集型服务业，高技能增加值出口对高技能劳动收入的影响显著为正；由模型（2）和模型（8）可知，劳动密集型制造业和健康、教育、公共服务业资本密集型服务业行业，高技能增加值出口对高技能要素收入的影响不显著。

（三）中技能要素质量、中技能增加值出口和中技能劳动收入回归

将中技能要素质量分行业分析发现，根据表7-8中的模型（1）、模型（2）、模型（4）、模型（5）、模型（6）、模型（7）和模型（8）可知，初级和自然资源、劳动密集型制造业、知识密集型制造业、劳动密集型服务业、资本密集型服务业、知识密集型服务业和健康、教育、公共服务业，中技能要素质量对中技能劳动收入的影响显著为正；据模型（3）可知，资本密集型制造业中技能要素质量对中技能要素收入的影响不显著。由模型（1）、模型（4）、模型（5）、模型（6）和模型（7）可知，初级和自然资源、知识密集型制造业、劳动密集型服务业、资本密集型服务业、知识密集型服务业行业，中技能增加值出口对中技能

表 7-7　高技能要素质量、增加值出口分行业实证分析结果

变量	模型（1）	模型（2）	模型（3）	模型（4）	模型（5）	模型（6）	模型（7）	模型（8）
	初级和自然资源	劳动密集型制造业	资本密集型制造业	知识密集型制造业	劳动密集型服务业	资本密集型服务业	知识密集型服务业	健康、教育、公共服务业
lnHlabor_q	0.639*** (0.0879)	0.414*** (0.0365)	3.842 (2.248)	0.107*** (0.0139)	0.842*** (0.305)	0.00233* (0.00137)	0.379*** (0.0964)	0.0675 (0.0410)
lnHVAX	2.311*** (0.405)	-0.0384 (0.0542)	-4.193*** (1.267)	0.0597** (0.0244)	-4.009*** (0.714)	-0.0154*** (0.00537)	-0.115** (0.0557)	0.00904 (0.0207)
lnGO	1.962*** (0.304)	0.141 (0.223)	-1.642 (3.040)	-0.167*** (0.0505)	6.588*** (0.925)	-0.00614 (0.0138)	-0.454** (0.220)	0.0583 (0.265)
lnSUM	-1.602*** (0.352)	0.300*** (0.0446)	4.205** (1.483)	-0.0436* (0.0234)	3.959*** (0.650)	0.0184*** (0.00548)	0.157*** (0.0544)	0.109*** (0.0314)
lnVA	0.144 (0.194)	-0.00761 (0.229)	-2.466 (2.420)	0.322*** (0.0424)	-8.980*** (1.293)	-0.0157** (0.00659)	0.0935 (0.255)	-0.00519 (0.244)
Constant	11.64*** (2.172)	-0.224 (0.859)	27.83 (24.86)	0.415*** (0.140)	-32.11*** (5.518)	0.0613 (0.0647)	6.190*** (0.737)	-0.733 (0.431)
年度效应	Yes	Yes	Yes	Yes	Yes	Yes	Yes	Yes
观察结果	60	90	30	75	60	59	83	30
R^2	0.945	0.907	0.956	0.834	0.941	0.771	0.784	0.990

注：括号内数字为标准差；***、** 和 * 分别表示在 1%、5% 和 10% 的置信水平上显著。

表 7-8 中技能要素质量、增加值出口分行业实证分析结果

变量	模型（1）	模型（2）	模型（3）	模型（4）	模型（5）	模型（6）	模型（7）	模型（8）
	初级和自然资源	劳动密集型制造业	资本密集型制造业	知识密集型制造业	劳动密集型服务业	资本密集型服务业	知识密集型服务业	健康、教育、公共服务业
lnMlabor_q	0.433 *** (0.0391)	0.311 *** (0.0292)	2.570 (2.024)	0.0863 *** (0.00944)	0.655 ** (0.266)	-0.00208 ** (0.000821)	0.0863 *** (0.00944)	0.101 *** (0.0273)
lnMVAX	4.482 *** (0.473)	0.0189 (0.0920)	-1.846 (1.867)	-0.161 * (0.0898)	-5.165 *** (1.266)	0.0447 *** (0.00984)	-0.161 * (0.0898)	-0.0515 (0.0428)
lnGO	1.157 *** (0.114)	0.0187 (0.138)	1.151 (2.698)	-0.290 *** (0.0581)	2.523 *** (0.452)	0.0215 *** (0.00586)	-0.290 *** (0.0581)	0.204 * (0.111)
lnSUM	-3.923 *** (0.446)	0.193 ** (0.0760)	1.330 (1.768)	0.171 * (0.0893)	4.982 *** (1.157)	-0.0428 *** (0.00984)	0.171 * (0.0893)	0.136 ** (0.0468)
lnVA	2.940 *** (0.353)	0.105 (0.188)	-0.399 (2.216)	0.203 *** (0.0476)	-6.901 *** (1.350)	0.0240 ** (0.00989)	0.203 *** (0.0476)	-0.219 (0.166)
Constant	9.026 *** (1.006)	0.338 (0.516)	-4.981 (24.21)	0.230 ** (0.101)	-9.067 *** (2.578)	-0.0254 (0.0386)	0.230 ** (0.101)	-0.191 (0.384)
年度效应	Yes	Yes	Yes	Yes	Yes	Yes	Yes	Yes
观察结果	60	90	30	75	60	59	75	30
R^2	0.972	0.906	0.923	0.826	0.931	0.806	0.826	0.990

注：括号内数字为标准差；***、** 和 * 分别表示在 1%、5% 和 10% 的置信水平上显著。

劳动收入的影响显著为正；据模型（2）、模型（3）和模型（8）可知，劳动密集型制造业、资本密集型制造业和健康、教育、公共服务业中技能增加值出口对中技能劳动收入影响不显著。

（四）低技能要素质量、低技能增加值出口和低技能劳动收入回归

将低技能要素质量分行业分析发现，由表7－9中的模型（1）、模型（2）、模型（3）、模型（4）、模型（7）和模型（8）可知，初级和自然资源、劳动密集型制造业、资本密集型制造业、知识密集型制造业、知识密集型服务业和健康、教育、公共服务业，低技能劳动要素质量对低技能劳动收入的影响显著为正；由模型（5）和模型（6）可知，劳动密集型服务业和资本密集型服务业行业，低技能要素质量对低技能劳动收入的影响不显著。由模型（1）和模型（4）可知，初级和自然资源、知识密集型制造业行业，低技能增加值出口对低技能劳动收入的影响显著为正；据模型（2）、模型（3）、模型（5）、模型（6）、模型（7）和模型（8）可知，劳动密集型制造业，资本密集型制造业，劳动密集型服务业，资本密集型服务业，知识密集型服务业和健康，教育、公共服务行业低技能增加值出口对低技能劳动收入影响不显著。

表 7－9 低技能要素质量、增加值出口分行业实证分析结果

变量	模型（1）	模型（2）	模型（3）	模型（4）	模型（5）	模型（6）	模型（7）	模型（8）
	初级和自然资源	劳动密集型制造业	资本密集型制造业	知识密集型制造业	劳动密集型服务业	资本密集型服务业	知识密集型服务业	健康、教育、公共服务业
lnLlabor_q	0.173*** (0.0443)	0.260*** (0.0255)	2.726* (1.346)	0.0843*** (0.00718)	−0.0811 (0.190)	0.000163 (0.000878)	0.224*** (0.0536)	0.0689*** (0.0180)
lnLVAX	3.484*** (1.049)	−0.0456 (0.0943)	−0.264 (0.313)	−0.175** (0.0702)	1.087 (0.924)	0.00157 (0.00141)	0.0511 (0.0346)	0.0136 (0.0418)
lnGO	0.135 (0.0965)	−0.0115 (0.132)	1.790 (1.665)	0.0272 (0.0753)	2.237** (0.894)	0.00578 (0.00839)	−0.292** (0.118)	0.0744 (0.0780)
lnSUM	−3.260*** (1.060)	0.231** (0.109)	−0.0660 (0.425)	0.187** (0.0708)	−0.864 (0.957)	−1.31e−05 (0.00145)	−0.0216 (0.0370)	0.0550 (0.0468)
lnVA	3.482*** (1.130)	0.0498 (0.0892)	−0.975 (1.591)	−0.151 (0.150)	−1.204*** (0.391)	−0.00816 (0.00643)	0.215 (0.131)	−0.00530 (0.0568)
Constant	0.338 (0.351)	0.265 (0.314)	13.79 (18.90)	0.176* (0.0898)	−3.843* (2.237)	0.0442 (0.0546)	3.788*** (0.414)	−0.486*** (0.137)
年度效应	Yes	Yes	Yes	Yes	Yes	Yes	Yes	Yes
观察结果	60	90	30	75	60	59	83	30
R^2	0.933	0.906	0.924	0.834	0.912	0.703	0.804	0.989

注：括号内数字为标准差；***、** 和 * 分别表示在 1%、5% 和 10% 的置信水平上显著。

第三节　要素质量对劳动收入影响的机制分析

一、人力资本机制分析与检验

（一）实证结果

根据表7-10可见，模型（1）中要素质量和劳动报酬的交互项lnlabor_q×lnLAB显著为正（$p<0.01$），说明要素质量对要素收入的影响通过人力资本的方式，其影响随着劳动报酬的增加而增加；模型（2）中高技能劳动要素质量和劳动报酬的交互项lnHlabor_q×lnLAB显著为正（$p<0.01$），说明高技能要素质量对劳动收入的影响通过人力资本的方式，其影响随着劳动报酬的增加而增加；模型（3）中中技能劳动要素质量和劳动报酬的交互项lnMlabor_q×lnLAB显著为正（$p<0.01$），说明中技能劳动要素质量对劳动收入的影响通过人力资本的方式，其影响随着劳动报酬的增加而增加；模型（4）中低技能劳动要素质量和劳动报酬的交互项lnLlabor_q×lnLAB显著为正（$p<0.01$），说明低技能劳动要素质量对劳动收入的影响通过人力资本的方式，其影响随着劳动报酬的增加而增加。

表7-10　　人力资本机制研究实证分析结果

变量	模型（1）	模型（2）	模型（3）	模型（4）
	labor_i	Hlabor_i	Mlabor_i	Llabor_i
lnlabor_q	-0.403** （0.175）			
lnlabor_q×lnLAB	0.0538*** （0.0147）			

续表

变量	模型（1）	模型（2）	模型（3）	模型（4）
	labor_i	Hlabor_i	Mlabor_i	Llabor_i
lnHlabor_q		-0.631 ** (0.266)		
lnHlabor_q × lnLAB		0.0785 *** (0.0221)		
lnMlabor_q			-0.295 * (0.173)	
lnMlabor_q × lnLAB			0.0451 *** (0.0145)	
lnLlabor_q				-0.176 (0.140)
lnLlabor_q × lnLAB				0.0342 *** (0.0118)
lnLAB	0.513 *** (0.175)	0.741 *** (0.256)	0.416 ** (0.173)	0.296 ** (0.141)
lnVB	-0.644 * (0.357)	-0.877 * (0.518)	-0.631 * (0.354)	-0.486 (0.299)
lnGO	0.747 *** (0.137)	1.076 *** (0.198)	0.749 *** (0.134)	0.617 *** (0.113)
lnSUM	0.0294 *** (0.00615)	0.0398 *** (0.00891)	0.0286 *** (0.00609)	0.0249 *** (0.00514)
lnVA	-0.453 *** (0.132)	-0.676 *** (0.190)	-0.431 *** (0.131)	-0.310 *** (0.110)
Constant	-7.980 *** (1.854)	-11.70 *** (2.736)	-7.076 *** (1.827)	-5.462 *** (1.498)
年度效应	Yes	Yes	Yes	Yes
行业效应	Yes	Yes	Yes	Yes

续表

变量	模型（1）	模型（2）	模型（3）	模型（4）
	labor_i	Hlabor_i	Mlabor_i	Llabor_i
观察结果	487	487	487	487
R^2	0.457	0.463	0.466	0.457

注：括号内数字为标准差；***、** 和 * 分别表示在 1%、5% 和 10% 的置信水平上显著。

（二）稳健性检验

为了使本书研究结论更为稳健可靠，本书选用全员劳动生产率 lnl_r 代替劳动要素质量 labor_q、lnHlabor_q、lnMlabor_q 和 lnLlabor_q，重新上述回归分析，如表 7 - 11 所示。模型（1）、模型（2）、模型（3）和模型（4）中劳动生产率和劳动报酬的交互项 lnl_r × lnLAB 均显著为正（$p < 0.05$），进而验证了上面整体要素质量、高技能劳动要素质量、中技能劳动要素质量和低技能劳动要素质量对要素收入的影响均通过人力资本的方式，其影响也都随着劳动报酬的增加而增加的结论。

表 7 - 11　　人力资本机制研究稳健性检验分析结果

变量	模型（1）	模型（2）	模型（3）	模型（4）
	labor_i	Hlabor_i	Mlabor_i	Llabor_i
lnl_r × lnLAB	0.0323 ** (0.0142)	0.0412 ** (0.0206)	0.0282 ** (0.0141)	0.0271 ** (0.0119)
lnl_r	-0.261 (0.183)	-0.327 (0.265)	-0.200 (0.181)	-0.187 (0.153)
lnLAB	0.0609 (0.115)	0.0639 (0.167)	0.0630 (0.114)	0.0385 (0.0966)
lnVB	-0.677 * (0.371)	-0.932 * (0.538)	-0.652 * (0.367)	-0.489 (0.311)

续表

变量	模型（1）	模型（2）	模型（3）	模型（4）
	labor_i	Hlabor_i	Mlabor_i	Llabor_i
lnGO	0.679*** (0.143)	0.998*** (0.207)	0.710*** (0.141)	0.591*** (0.119)
lnSUM	0.0266*** (0.00623)	0.0369*** (0.00903)	0.0265*** (0.00617)	0.0223*** (0.00522)
lnVA	-0.676*** (0.174)	-0.942*** (0.252)	-0.697*** (0.172)	-0.591*** (0.146)
Constant	-1.776** (0.877)	-2.893** (1.270)	-1.981** (0.868)	-1.406* (0.734)
年度效应	Yes	Yes	Yes	Yes
行业效应	Yes	Yes	Yes	Yes
观察结果	487	487	487	487
R^2	0.437	0.445	0.448	0.435

注：括号内数字为标准差；***、**和*分别表示在1%、5%和10%的置信水平上显著。

（三）内生性检验

为了排除内生性问题，本书采用面板工具变量法进行2SLS-FE（固定效应二阶段最小二乘法）回归，进而进行内生性估计和检验，如表7-12所示。

表7-12　人力资本机制研究内生性检验分析结果

变量	模型（1）	模型（2）	模型（3）	模型（4）
	labor_i	Hlabor_i	Mlabor_i	Llabor_i
lnlabor_q	-0.391 (0.373)			

续表

变量	模型（1）	模型（2）	模型（3）	模型（4）
	labor_i	Hlabor_i	Mlabor_i	Llabor_i
lnlabor_q × lnLAB	0.0524 * (0.0298)			
lnHlabor_q		-1.242 ** (0.559)		
lnHlabor_q × lnLAB		0.126 *** (0.0447)		
lnMlabor_q			-0.359 (0.377)	
lnMlabor_q × lnLAB			0.0494 (0.0302)	
lnLlabor_q				-0.247 (0.314)
lnLlabor_q × lnLAB				0.0394 (0.0251)
lnLAB	0.483 (0.334)	1.224 ** (0.487)	0.451 (0.338)	0.339 (0.282)
lnVB	-0.535 (0.377)	-0.495 (0.551)	-0.486 (0.376)	-0.365 (0.317)
lnGO	0.795 *** (0.142)	1.155 *** (0.206)	0.799 *** (0.139)	0.665 *** (0.117)
lnSUM	0.0357 *** (0.00778)	0.0502 *** (0.0113)	0.0351 *** (0.00770)	0.0302 *** (0.00651)
lnVA	-0.468 *** (0.136)	-0.736 *** (0.197)	-0.453 *** (0.135)	-0.334 *** (0.113)
年度效应	Yes	Yes	Yes	Yes
行业效应	Yes	Yes	Yes	Yes
观察结果	450	450	450	450
R^2	0.453	0.456	0.462	0.454

续表

变量	模型（1）	模型（2）	模型（3）	模型（4）
	labor_i	Hlabor_i	Mlabor_i	Llabor_i
不可识别检验	107.968	111.796	101.881	98.570
P - val	0.0000	0.0000	0.0000	0.0000
弱识别检验	69.177	72.528	64.016	61.291
工具变量过度识别检验	1.307	0.550	0.378	2.213
P - val	0.2530	0.4585	0.5385	0.1369

注：括号内数字为标准差；***、** 和 * 分别表示在 1%、5% 和 10% 的置信水平上显著。

模型（1）将核心变量要素质量 lnlabor_q 作为内生变量，其滞后一期和劳动要素工作总时数作为工具变量进行 2SLS - FE 回归，其中不可识别检验值为 107.968，P - val 值小于 0.05，拒绝原假设，说明选取的工具变量通过了不可识别检验；弱工具变量检验值为 69.177，说明选取的工具变量通过了弱工具变量检验；过度识别检验值为 1.307，P - val 值大于 0.05，说明选取的工具变量通过了过度识别检验。进一步分析实证结果，模型（1）中要素质量和劳动报酬的交互项 lnlabor_q × lnLAB 显著为正，进而验证了上面的结论。

模型（2）将核心变量高技能劳动要素质量 lnHlabor_q 作为内生变量，其滞后一期和高技能劳动要素工作总时数作为工具变量进行 2SLS - FE 回归，其中不可识别检验值为 111.796，P - val 值小于 0.05，拒绝原假设，说明选取的工具变量通过了不可识别检验；弱工具变量检验值为 72.528，说明选取的工具变量通过了弱工具变量检验；过度识别检验值为 0.550，P - val 值大于 0.05，说明选取的工具变量通过了过度识别检验。进一步分析实证结果，模型（2）中高技能劳动要素质量和劳动报酬的交互项 lnHlabor_q × lnLAB 显著为正，进而验证了上面的结论。

模型（3）将核心变量中技能劳动要素质量 lnMlabor_q 作为内生变量，其滞后一期和中技能劳动要素工作总时数作为工具变量进行 2SLS -

FE 回归，其中不可识别检验值为 101.881，P - val 值小于 0.05，拒绝原假设，说明选取的工具变量通过了不可识别检验；弱工具变量检验值为 64.016，说明选取的工具变量通过了弱工具变量检验；过度识别检验值为 0.378，P - val 值大于 0.05，说明选取的工具变量通过了过度识别检验。进一步分析实证结果，模型（3）中技能劳动要素质量和劳动报酬的交互项 lnMlabor_q × lnLAB 不显著，与上面的结论不符。

模型（4）将核心变量低技能劳动要素质量 lnLlabor_q 作为内生变量，其滞后一期和低技能员工工作总时数作为工具变量进行 2SLS - FE 回归，其中不可识别检验值为 98.570，P - val 值小于 0.05，拒绝原假设，说明选取的工具变量通过了不可识别检验；弱工具变量检验值为 61.291，说明选取的工具变量通过了弱工具变量检验；过度识别检验值为 2.213，P - val 值大于 0.05，说明选取的工具变量通过了过度识别检验。进一步分析实证结果，模型（4）低技能劳动要素质量和劳动报酬的交互项 lnLlabor_q × lnLAB 不显著，与上面的结论不符。

二、物质资本机制分析与检验

（一）实证结果

根据表 7 - 13 可知，模型（1）中要素质量和资本补偿的交互项 lnlabor_q × lnCAP 显著为正（$p<0.01$），说明要素质量对劳动收入的影响通过物质资本的方式，其影响随着资本补偿的增加而增加；模型（2）中高技能劳动要素质量和资本补偿的交互项 lnHlabor_q × lnCAP 显著为正（$p<0.01$），说明高技能劳动要素质量对劳动收入的影响通过物质资本的方式，其影响随着资本补偿的增加而增加；模型（3）中中技能劳动要素质量和资本补偿的交互项 lnMlabor_q × lnCAP 显著为正（$p<0.05$），说明中技能劳动要素质量对劳动收入的影响通过物质资本的方式，其影响随着资本补偿的增加而增加；模型（4）中低技能劳动要素质量和资本补偿的交互项 lnLlabor_q × lnCAP 显著为正（$p<0.05$），说

明低技能劳动要素质量对劳动收入的影响通过物质资本的方式，其影响随着资本补偿的增加而增加。

表 7-13 物质资本机制研究实证分析结果

变量	模型（1）	模型（2）	模型（3）	模型（4）
	labor_i	Hlabor_i	Mlabor_i	Llabor_i
lnlabor_q	-0.217 (0.147)			
lnlabor_q × lnCAP	0.0329*** (0.0112)			
lnHlabor_q		-0.396* (0.220)		
lnlHabor_q × lnCAP		0.0516*** (0.0167)		
lnMlabor_q			-0.146 (0.145)	
lnMlabor_q × lnCAP			0.0275** (0.0111)	
lnLlabor_q				-0.0638 (0.119)
lnLlabor_q × lnCAP				0.0211** (0.00898)
lnCAP	0.325** (0.142)	0.497** (0.208)	0.266* (0.141)	0.228** (0.115)
lnVB	-0.756** (0.355)	-1.019** (0.514)	-0.728** (0.352)	-0.563* (0.297)
lnGO	0.710*** (0.127)	1.029*** (0.184)	0.715*** (0.126)	0.588*** (0.106)
lnSUM	0.0300*** (0.00628)	0.0411*** (0.00907)	0.0292*** (0.00621)	0.0256*** (0.00526)

续表

变量	模型（1）	模型（2）	模型（3）	模型（4）
	labor_i	Hlabor_i	Mlabor_i	Llabor_i
lnVA	-0.438 *** (0.147)	-0.643 *** (0.214)	-0.423 *** (0.145)	-0.351 *** (0.122)
Constant	-6.114 *** (1.603)	-9.484 *** (2.349)	-5.573 *** (1.584)	-4.206 *** (1.300)
年度效应	Yes	Yes	Yes	Yes
行业效应	Yes	Yes	Yes	Yes
观察结果	487	487	487	487
R^2	0.452	0.460	0.462	0.453

注：括号内数字为标准差；*** 、** 和 * 分别表示在1%、5%和10%的置信水平上显著。

（二）稳健性检验

为了使本书研究结论更为稳健可靠，本书选用全员劳动生产率 lnl_r 代替劳动要素质量 labor_q、lnHlabor_q、lnMlabor_q 和 lnLlabor_q，重新上述回归分析，如表7-14所示。模型（1）、模型（2）、模型（3）和模型（4）中劳动生产率和资本补偿的交互项 lnl_r × lnCAP 均显著为正（$p < 0.01$），进而验证了上面整体要素质量、高技能要素质量、中技能要素质量和低技能要素质量对要素收入的影响均通过物质资本的方式，其影响也都随着资本补偿的增加而增加的结论。

表7-14　　物质资本机制研究稳健性检验分析结果

变量	模型（1）	模型（2）	模型（3）	模型（4）
	labor_i	Hlabor_i	Mlabor_i	Llabor_i
lnl_r × lnCAP	0.0360 *** (0.0105)	0.0508 *** (0.0152)	0.0337 *** (0.0104)	0.0293 *** (0.00878)

续表

变量	模型（1）	模型（2）	模型（3）	模型（4）
	labor_i	Hlabor_i	Mlabor_i	Llabor_i
lnl_r	-0.337** (0.148)	-0.488** (0.214)	-0.297** (0.146)	-0.240* (0.124)
lnCAP	-0.188*** (0.0619)	-0.260*** (0.0894)	-0.186*** (0.0612)	-0.153*** (0.0518)
lnVB	-0.633* (0.370)	-0.838 (0.535)	-0.599 (0.366)	-0.453 (0.310)
lnGO	0.707*** (0.137)	1.024*** (0.199)	0.734*** (0.136)	0.611*** (0.115)
lnSUM	0.0236*** (0.00622)	0.0328*** (0.00899)	0.0236*** (0.00615)	0.0199*** (0.00521)
lnVA	-0.437** (0.189)	-0.629** (0.272)	-0.457** (0.186)	-0.403** (0.158)
Constant	-2.095** (0.893)	-3.182** (1.290)	-2.266** (0.882)	-1.679** (0.747)
年度效应	Yes	Yes	Yes	Yes
行业效应	Yes	Yes	Yes	Yes
观察结果	487	487	487	487
R^2	0.442	0.453	0.455	0.440

注：括号内数字为标准差；***、** 和 * 分别表示在 1%、5% 和 10% 的置信水平上显著。

（三）内生性检验

为了排除内生性问题，本书采用面板工具变量法进行 2SLS - FE（固定效应二阶段最小二乘法）回归，进而进行内生性估计和检验，如表 7 - 15 所示。

表 7-15　　物质资本机制研究内生性检验分析结果

变量	模型（1）	模型（2）	模型（3）	模型（4）
	labor_i	Hlabor_i	Mlabor_i	Llabor_i
lnlabor_q	-0.207 (0.267)			
lnlabor_q × lnCAP	0.0319* (0.0193)			
lnHlabor_q		-0.771** (0.382)		
lnHlabor_q × lnCAP		0.0776*** (0.0278)		
lnMlabor_q			-0.281 (0.289)	
lnMlabor_q × lnCAP			0.0365* (0.0209)	
lnLlabor_q				-0.243 (0.236)
lnLlabor_q × lnCAP				0.0333** (0.0169)
lnCAP	0.338 (0.219)	0.799** (0.312)	0.382 (0.235)	0.372** (0.189)
lnVB	-0.653* (0.360)	-0.772 (0.524)	-0.581 (0.358)	-0.435 (0.302)
lnGO	0.749*** (0.130)	1.091*** (0.190)	0.759*** (0.129)	0.627*** (0.109)
lnSUM	0.0366*** (0.00796)	0.0526*** (0.0115)	0.0365*** (0.00790)	0.0319*** (0.00669)
lnVA	-0.488*** (0.151)	-0.726*** (0.221)	-0.476*** (0.150)	-0.400*** (0.126)
年度效应	Yes	Yes	Yes	Yes
行业效应	Yes	Yes	Yes	Yes

续表

变量	模型（1）	模型（2）	模型（3）	模型（4）
	labor_i	Hlabor_i	Mlabor_i	Llabor_i
观察结果	450	450	450	450
R^2	0.448	0.455	0.458	0.448
不可识别检验	146.383	159.943	120.528	123.121
P - val	0.0000	0.0000	0.0000	0.0000
弱识别检验	107.103	123.198	80.495	82.952
工具变量过度识别检验	1.666	0.462	0.000	1.158
* P - val	0.1968	0.4967	0.9944	0.2819

注：括号内数字为标准差；***、** 和 * 分别表示在 1%、5% 和 10% 的置信水平上显著。

模型（1）将核心变量要素质量 lnlabor_q 作为内生变量，其滞后一期和劳动要素工作总时数作为工具变量进行 2SLS - FE 回归，其中不可识别检验值为 146.383，P - val 值小于 0.05，拒绝原假设，说明选取的工具变量通过了不可识别检验；弱工具变量检验值为 107.103，说明选取的工具变量通过了弱工具变量检验；过度识别检验值为 1.666，P - val 值大于 0.05，说明选取的工具变量通过了过度识别检验。进一步分析实证结果，模型（1）中要素质量和资本补偿的交互项 lnlabor_q × lnCAP 显著为正，进而验证了上面的结论。

模型（2）将核心变量高技能劳动要素质量 lnHlabor_q 作为内生变量，其滞后一期和高技能劳动报酬作为工具变量进行 2SLS - FE 回归，其中不可识别检验值为 159.943，P - val 值小于 0.05，拒绝原假设，说明选取的工具变量通过了不可识别检验；弱工具变量检验值为 123.198，说明选取的工具变量通过了弱工具变量检验；过度识别检验值为 0.462，P - val 值大于 0.05，说明选取的工具变量通过了过度识别检验。进一步分析实证结果，模型（2）中高技能劳动要素质量和资本补偿的交互项 lnHlabor_q × lnCAP 显著为正，进而验证了上面的结论。

模型（3）将核心变量中技能劳动要素质量 lnMlabor_q 作为内生变量，其滞后一期和中技能劳动要素工作总时数作为工具变量进行 2SLS - FE 回归，其中不可识别检验值为 120.528，P - val 值小于 0.05，拒绝原假设，说明选取的工具变量通过了不可识别检验；弱工具变量检验值为 80.495，说明选取的工具变量通过了弱工具变量检验；过度识别检验值为 0.000，P - val 值大于 0.05，说明选取的工具变量通过了过度识别检验。进一步分析实证结果，模型（3）中中技能劳动要素质量和资本补偿的交互项 lnMlabor_q × lnCAP 显著为正，进而验证了上面的结论。

模型（4）将核心变量低技能劳动要素质量 lnLlabor_q 作为内生变量，其滞后一期和低技能劳动要素工作总时数作为工具变量进行 2SLS - FE 回归，发现过度识别检验中的 P - val 值大于 0.05，说明选取的工具变量没有通过过度识别检验，说明选取的工具变量无效。进一步选择低技能劳动要素质量 lnLlabor_q 的滞后一期和低技能劳动报酬作为工具变量进行 2SLS - FE 回归，其中不可识别检验值为 123.121，P - val 值小于 0.05，拒绝原假设，说明选取的工具变量通过了不可识别检验；弱工具变量检验值为 82.952，说明选取的工具变量通过了弱工具变量检验；过度识别检验值为 1.158，P - val 值大于 0.05，说明选取的工具变量通过了过度识别检验。进一步分析实证结果，模型（4）中低技能要素质量和资本补偿的交互项 lnLlabor_q × lnCAP 显著为正，进而验证了上面的结论。

在本章的分析中，实证模型使用对数线性模型，利用固定效应工具变量法进行估计，并进行了异质性分析和机制检验。理论模型推导发现，全球价值链分工下我国要素质量对劳动收入具有影响效应，计量模型发现要素质量的提升能够增加劳动收入。

从要素质量对整体劳动收入的影响来看，要素质量对劳动收入的影响显著为正，说明劳动收入随着劳动要素质量的增加而增加；同时从不同劳动要素质量来看，高、中、低技能劳动要素对劳动收入影响效应均显著为正，说明在其他条件不变的情况下，高、中、低技能劳动收入随着高、中、低技能劳动要素质量的增加而增加。

从不同产业方面来看，在整体要素质量与劳动收入的回归中，初级和自然资源、劳动密集型制造业、知识密集型制造业、知识密集型服务业和健康、教育、公共服务业的要素质量对劳动收入的影响显著为正，劳动密集型服务业、资本密集型制造业和资本密集型服务业，要素质量对要素收入的影响不显著。在高技能劳动要素质量和中技能劳动要素质量与劳动收入的回归中，初级和自然资源、劳动密集型制造业、知识密集型制造业、知识密集型服务业和健康、教育、公共服务业的要素质量对劳动收入的影响显著为正，劳动密集型服务业、资本密集型制造业和资本密集型服务业，要素质量对要素收入的影响不显著。但在低技能劳动要素质量与劳动收入的回归中，初级和自然资源、劳动密集型制造业、资本密集型制造业、知识密集型制造业、知识密集型服务业和健康、教育、公共服务业，低技能劳动要素质量对低技能劳动收入的影响显著为正，劳动密集型服务业和资本密集型服务业行业，低技能要素质量对低技能劳动收入的影响不显著。从物质资本和人力资本两个机制检验证明了劳动要素质量能够通过物质资本和人力资本提高劳动收入。

第八章

全球价值链分工下我国要素收入提升的政策建议

第一节　主要研究结论

基于价值链分工下贸易利益的要素收入衡量视角，本书利用 MRIO 模型对价值链分工下世界主要地区、国家的劳动要素收入进行了多角度测度，运用 HSDA 分解方法分析了中美两国要素质量因素对其劳动要素收入的影响，同时运用固定效应模型和面板数据，从整体劳动要素和分技能劳动要素两方面探究了全球价值链分工下我国劳动要素质量对劳动收入的影响。研究结论归纳如下：

一、我国参与全球价值链分工深度有待提升

从增加值出口额来看，中国增加值出口额虽高于世界其他国家，但是从增加值出口额并不能够客观地说明中国融入全球价值链的深度，也不能更好地用来衡量一国的出口能力。因此从中国增加值出口率方面反映融入全球价值链的程度来看，在初级产业和劳动密集型产

业方面，中国的增加值出口率普遍高于其他各国，说明中国最初嵌入全球价值链分工的传统优势得到了充分的发展。但其他行业的增加值出口率普遍低于美国、日本、德国等发达国家，说明中国参与价值链分工深度依旧不足。

二、我国参与全球价值链分工的劳动要素收入不断提升

通过对我国 1995 ~2009 年分行业整体劳动要素收入的测算，发现我国参与全球价值链分工的劳动要素收入在不断提升，说明参与全球价值链分工能够提高我国劳动要素收入。从高技能、中技能和低技能劳动要素收入来看，各行业的劳动要素收入均呈现普遍上涨趋势，从增长幅度来看，高技能劳动要素收入增长较快、幅度较大，中技能和低技能劳动要素收入增长较慢、幅度变化较小。这说明参与全球价值链分工对我国高技能劳动要素收入的提升作用比较大，对中技能和低技能劳动要素收入的提升作用较小。

三、我国与其他发达国家的劳动收入差距持续扩大

本书通过对世界主要地区、国家不同技能劳动要素收入情况进行对比发现，世界典型国家的劳动要素收入整体都在提升，而中国与其他发达国家等劳动要素收入差距持续扩大。从东亚地区角度来看，中国的劳动要素收入与日本和韩国存在较大差距，中国拉低了东亚地区的整体平均水平。从国家角度来看，中国的劳动要素收入与美国、德国、英国等发达国家存在巨大差距，且随着价值链分工的进一步发展，与发达国家要素收入的差距也在不断持续扩大。其差距持续扩大主要包括两方面原因：一方面是中国劳动要素收入基数比较低，因为中国以廉价的劳动力优势嵌入参与价值链分工，导致中国参与价值链分工地位处于较低位置，而发达国家通过跨国公司在主导价值链分工，在价值链分

工地位处于主导位置。另一方面是中国劳动要素收入增速比较慢，因为一直处在价值链分工的低端位置，向价值链高端攀升需要时间和整体经济社会的努力，所以中国在未来要向价值链高端位置攀升，逐渐提高劳动要素收入的增长。

四、要素质量阻碍了我国整体劳动收入的提升

要素质量效应阻碍了中国整体劳动要素收入的提升。从要素质量影响劳动要素收入的角度总结出，中国要素质量对劳动要素收入的影响程度比较大，但影响方向主要为负向。说明中国在嵌入全球价值链模式下，依旧以要素成本优势为主，通过对劳动投入量的增加提高增加值，然而增加的劳动投入实际上并没有创造等比例的价值，因此出现的要素质量效应严重抑制了要素收入的现状。

五、我国劳动要素质量呈现出差异性发展

中国高技能劳动要素与中、低技能劳动要素发展不均衡。从要素质量对高、中、低技能劳动要素收入的影响分析来看，美国、德国、英国等发达国家要素质量对高、中、低技能劳动要素的影响程度与要素质量对整体劳动要素收入的影响程度相一致，说明美国、德国、英国等发达国家的劳动要素收入在高、中、低技能的劳动要素间差异较小，能够更好地实现整体劳动要素收入最大化。虽然中国要素质量对高技能劳动要素的影响呈显著的正向影响，说明了中国高技能劳动要素质量较高、且发展较快。但中、低技能的劳动要素质量出现停滞不前甚至倒退的现象，从而阻碍整体劳动要素收入的提高，造成了中国劳动要素质量的差异化问题，导致了中国与美国、德国、英国等发达国家收入差距拉大的情况。

第二节 政策建议

一、制定异质性要素发展战略，积极培育国内高端要素发展

劳动要素质量差异性发展问题的出现，导致中国整体劳动要素收入状况恶化，而劳动要素收入的增长是拉动消费、维持经济增长和社会稳定的重要力量。所以，解决劳动要素质量差异化问题，提高中国劳动要素收入状况至关重要。随着全球价值链分工的深入发展，更多具备中国传统竞争优势的国家也参与到价值链分工，中国参与价值链分工中的传统竞争优势已经失去，提升参与分工的整体要素的质量是重筑国际竞争优势和增加分工利益的当务之急。劳动要素的流动并不会改变要素的所有权性质，因此中国需要大力培育自身的高级生产要素，这样才能实现真正意义上的发展。为此，本书认为基于国民所有权的角度，制定异质性要素发展战略，积极培育国内高级生产要素，提升中国要素结构。

第一，要制定我国异质性的要素发展战略。虽然高技能、中技能和低技能劳动要素本身的要素质量就存在差异，但要素质量不仅仅指高技能劳动要素，在中技能、低技能劳动要素内部要素质量也有差异之分。为此，我国需要全产业的实现发展，就需要各种类型的劳动要素，因此要提升每一个层次的要素质量。即对于高技能劳动，要培育高端生产要素，体现在国际市场、高级人才、科研技术创新、国际知名品牌等方面；对于中、低技能劳动，也要培育高级生产要素，主要体现在劳动要素学习能力的提升、加强劳动要素与科技产品的结合、提高劳动要素与“互联网 +”的融合等方面。

第二，要提高我国高技能劳动要素在整体劳动要素中的比重。不同层次的劳动要素质量普遍提升的同时，还是要加强我国高技能劳动要素

在整体劳动要素中的比重。一方面，在劳动要素供给角度来看，通过对教育和技能培训的投入可以增加我国高技能劳动要素存量，增加高技能劳动要素的供给，满足我国高技能产业对高技能劳动要素的需求，解决由于劳动要素高质量稀缺从而限制了我国高技能产业发展的问题；另一方面，在劳动要素内部升级角度来看，对我国中、低技能劳动要素进行职业技能再培训和深造教育，使我国中、低技能劳动要素存量减少，高技能劳动要素存量增加，不仅能够解决我国整体劳动要素高、中、低技能平衡发展的问题，还能够降低中、低技能劳动要素面临难就业、失业的现实情况。目前解决以上问题的重点就是要加大对教育的投入，如发达国家对教育的投入普遍较高，投入的资金在 GDP 中的比重处于比较高的位置，而且发达国家的技能培训体系发展比较完善，因此发达国家间的劳动要素质量发展差异比较小。可见我国持续加大对教育的投入，提高技能培训水平，能够提高高技能劳动要素的供给，还能够解决我国高、中、低技能劳动要素发展的差异化问题。

在现有的劳动要素资源的基础上，进一步提高我国劳动要素质量。通常认为提高劳动者要素质量最有效、最直接的途径是加大对劳动要素的人力资本投入。但如果劳动要素质量提升到较高水平，而相应的生产效率依旧处于较低的发展水平，将依旧导致我国长期处于全球价值链低端生产环节。因此，提高劳动要素质量还可以从两个方面着手：一是通过深入推进分配、户籍和相关社保等制度的改革，打破行政区域对劳动要素流动的限制，充分提高劳动要素的流动，进一步改善我国劳动要素的整体结构，从而统筹综合配套改革思路，构建科学、统一的协调机制。二是营造高效率、高质量的制度环境，充分打造培养人才、吸引人才的大环境发展，通过制度环境激发高质量劳动要素的创新能力，要在使用人才方面更加大胆，不能畏首畏尾，要给予高技能劳动要素充分的发展空间，同时在人才潜力挖掘方面，建立高效的人才激励机制，进一步推动人才的发展。总之，劳动要素质量的重点在于提高生产效率，增加投资回报，用人才的巨大潜力和创新精神为经济发展创造更多的效益，以高级生产要素的积聚实现我国在全球价值链地位的攀升。

第三，继续扩大对高技能劳动要素的引进力度。我国对高技能劳动要素的需求越来越多，在培养高技能劳动要素过程中，也要加强对高技能劳动要素的引进。因为引进高技能劳动要素不能仅靠的是企业的努力，更多的还是需要政府首先要在政策方面提供强大的支持力度。具体包括三个方面：一是在高技能劳动要素认定方面，我国可以通过与其他国家签订双边协议，实现学历和资格证书的互相认可，同时设立丰富的交流项目，包括提供专项基金、奖学金等。二是政府大力度支持企业“走出去”引进高技能劳动要素。一方面，政府为“走出去”企业提供经济优惠政策支持，积极主动地引进海外高技能劳动要素；另一方面，可以设立专业猎头机构，发掘具备丰富工作经验的高技能劳动要素。三是设立海外高技能劳动要素的绿色通道。通过放宽准入政策，简化海外高技能劳动要素入境流程。同时建立海外高技能劳动要素评估标准，从学历、技能等级、专长等方面构建科学评估体系，并根据我国各地区、各企业的个性特点制定灵活、多样化的高技能劳动要素引进政策。

第四，完善我国的创新制度。创新机制的发挥依赖于劳动要素所表现，同时创新机制还将反作用于劳动要素质量的提升。我国在参与价值链分工过程中，要注重创新体系的建设，充分提高劳动要素质量积累创新人力资本，加大创新人才队伍建设，一方面能够向产业链上游生产环节拓展，另一方面向产业链下游生产环节延伸。通过创新能够提高产品深加工的力度，增强技术的创造能力，促进我国产业结构的转型升级，加强我国参与价值链的分工深度。然而实现创新发展最终还是要靠人才，劳动要素质量发挥作用是构成经济增长的重要动力，因此在创新发展过程中，要充分重视人才，同时也要尊重人才。因为所有的创新都不代表一定会成功，而且创新的过程中也存在风险，因此要尊重科学研究的规律，构建高效的激励约束机制，给予人才更宽松的创新空间和环境。根据国家发展的实际情况，完善我国的创新制度，基于劳动要素层面来打造我国核心竞争力。

二、引进来集聚优势资源，优化完善要素结构

本书的实证检验中的机制检验证明了要素质量可以通过物质资本对劳动要素收入产生影响，因此，从吸引外资的角度，外部高端要素的集聚有助于我国要素结构的优化和完善。

首先，加快国内产业发展转型升级，提高质量增加效率。从招商角度来看，要实现精准招商。我国的供给侧结构性改革的重点在于经济结构的调整，包括生产力结构、生产方式结构和生产关系结构。通过对要素的科学配置，实现生产要素配置最优化，以此提升经济增长的质量和数量，保障经济社会稳定、持续、健康的发展。这就要求我国吸引外商投资要从供应端入手，改变原来单纯追求投资量的方向，把招商投资重点围绕引入现代化管理经验、吸引先进技术、解决产能过剩、优化重组产业、降低企业成本等方向，将从原来的粗放型、追求数量招商方向向精准定位、追求高技术产业和服务业转变，从而通过利用外商投资优化完善我国要素结构，进而提高我国劳动要素收入。从产业分布来看，要平衡外商直接投资的产业结构。目前我国外商直接投资出现了产业结构不平衡问题，主要表现在第一产业投资规模大，但见效较慢；第三产业出现增长但增长速度较慢，仍显不足；第二产业外商投资规模大，但一般都集中于低端制造业，对于高端制造业和现代服务业的外商投资还依旧比较少。因此，吸引外商投资要结合我国的供给侧结构性改革，要推动我国产业结构的转型升级，推动外资向高端产业和新兴产业倾斜，不仅能够完善我国的产业结构，还能够使要素结构逐渐优化。一方面可以吸引外资加大对现代农业的投资力度，建设农业产业化项目，实现我国的农业现代化发展。另一方面可以加快我国现代服务业的开放门槛，通过政策引领外资在新兴行业的投入，如物联网、云计算等。从我国在全球价值链的分工地位来看，由于我国在参与全球价值链分工过程中，以廉价的劳动力资源和庞大的市场规模吸引大量的外商投资进行加工贸易，在当时解决了我国大量农村劳动力。但由于目前我国在全球价值链

分工中的红利逐渐减少，面临着需要向价值链高端攀升的现实情况，因此利用外商直接投资有利于加快国内的产业转型升级，也有利于我国延长产业链，有利于实现产业集聚。从我国地区发展来看，要实现南北融合发展。我国国土面积辽阔，最初由于历史、地理等原因导致东中西的经济发展出现较大差异，经过近年来国家中部崛起、西部大开发战略的实施，东中西的差异在逐渐减小，当前我国地区经济发展主要呈现出了南北差异较大的现象，因此要实现南北的融合发展。在改革开放初期，我国南部沿海地区凭借地理区位优势成了改革开放的前沿地带，吸引了众多的外商直接投资，成了我国经济发展的重点区域，使南方沿海地区的经济增长速度、规模都大大超过我国的北方地区，使我国南北地区的经济发展呈现出了两极分化的特点。因此，当前在面对东部地区发展遇到瓶颈时，可以依照梯度转移的原则，将部分外商投资由南方向北方逐步推移，实现南北地区经济跨越式发展，协调区域平衡发展。

其次，优化外商投资来源结构，提高发达国家在我国的投资比例。历年来我国外商直接投资的主要来源地以亚洲国家和地区为主，欧美等发达国家的投资比例不高。然而对于全球外商直接投资额来说，欧美等发达国家跨国公司的对外直接投资的特点是投资量大，投资质量较高。一般的投资产业包括高端制造业、金融业、新兴产业和社会服务业等，对劳动要素质量有着很高的要求，对知识产权保护、行政效率具有强烈的愿望，同时对投资环境、政治国体制度、国家价值观等都具有一定的要求，因此，当前欧美国家的直接投资主要表现在互为交叉投资，所以我国想要吸引更多欧美等发达国家对我国的直接投资，第一，要改善我国的投资环境，打消欧美等发达国家对我国投资不信任的态度。如通过放宽新兴产业、高端服务业的投资限制，吸引欧美等发达国家对我国的直接投资等。第二，增加高技能劳动要素的供给。通过优化教育资源，增加教育投入，加快培育本土高技能人才，同时放宽人才的引进政策，吸引全球优秀人才，为欧美等发达国家的投资建设提供高质量的劳动要素资源。第三，加强制度创新，如我国当前采取的负面清单管理模式等方法，加快政府间实现信息互通，提高政府的行政效率。同时完善外商直接投资相关法律法规，建立竞争有序的市场体系，加大行政执法力度，改善投资环境，进而打消欧美等发达国家对我国投资的顾虑，增强其对我国投资的信心。

最后，要营造良好的投资软环境，改变外商投资模式。我国在吸引外资初期，主要依靠土地、税收政策主导外商投资模式，而随着经济全球化的发展，外商直接投资在注重“硬件”投资条件如自然资源、人力资源和市场资源以外，越来越注重“软件”投资条件，跨国公司会关注投资接受国的政策是否稳定、体制是否创新，法制是否健全等。因此，我国面对当前的外商投资需要，要完善外商直接投资的法律体系，营造公平公开公正的执法环境。第一，加强法律法规体系建设。我国可以对标国际通行规则，结合我国实际情况，建立外商投资准入制度，给予外商投资平等的法律待遇。第二，在政策改革的同时保障现行政策的稳定性。推进我国外商直接投资的体制机制改革，但同时更要保障我国现有的外商直接投资政策的稳定性和连续性，增强跨国公司对我国持续投资的信心。第三，加大执法力度。要加强执法机制、制度化建设，维护市场竞争秩序，提高执法的执行力和透明度，打击妨碍市场公平竞争的行为，维护市场竞争环境，保护外商的合法权益。第四，规范和完善监督管理。加强对外资落户后的管理工作，重点做好服务和监管企业日常经济活动工作，主动为企业展开服务和监管，坚持全过程、全方位的跟踪服务工作，将服务纳入监管之中。同时对服务机构加强管理，特别要对为外资企业提供社会中介服务机构的监督与管理，可以实行追责制、完善社会信用制度，保障监管的公平性。第五，鼓励外资企业完善自我管理，鼓励成立行业协会等社会组织或机构，提高企业自主约束能力，利用行业间相互的制约效应，提升市场服务水平，打造良好的投资环境。

三、“走出去”整合高端要素，加速要素质量提升

第一，发挥政府在我国对外投资过程中的导向作用。全球价值链分

工背景下，我国坚持以企业实行对外投资的主体，同时积极发挥政府宏观政策的导向作用，具体主要表现在政府关注提升我国对外投资质量、协调我国对外投资过程中的内外影响因素、增强我国对外投资的产业选择动机。首先，我国在制定产业投资发展战略和对外经济政策时，不仅仅考虑到了我国对外投资数量方面的增长，还考虑到了我国对外投资的产业效应。同时政府通过对进出口结构、就业结构高度关注，注重我国投资结构的产出效率，都有利于保障我国对外投资对我国产业升级促进效应的稳定性和持久性。其次，在体系建设方面，从监管设计、制度保障和金融扶持等方面构建我国对外投资多层次的保障体系。建立我国对外投资机构，完善系统资料库，实现通过该机构能够为想要进行对外投资的企业提供相关的政治和行业信息。最后，完善制度保障体系，可以通过建立海外投资保险帮助企业规避投资风险。在企业进行对外投资之前要对东道国的政治风险、合作企业商业风险进行评估，对未来投资过程中可能出现的问题等方面开展系列的评估工作。一旦在投资过程中出现了政治风险或商业风险，导致企业产生的损失能够由保险机构进行有限补偿，再由国家层面向东道国提出索赔要求，这样便能够帮助企业抵御对外投资风险，鼓励企业“走出去”。金融扶持方面可以从汇率优惠、减免税收、放宽融资渠道等方式来实现。

第二，推行渐进发展模式，对我国各地区对外直接投资进行整体规划。政府在引导企业进行对外直接投资时，要在国家战略合作层面对投资进行长期和短期的分别规划，避免我国的对外直接投资出现盲目的、“一哄而上”的投资行为。对于短期和长期投资而言，都要坚持稳健的、渐进式的对外投资方式，具体主要表现在时间、空间和区位三个方面：其一，从时间上来说，渐进式发展模式主要强调的是在我国进行对外投资过程中，要注意整体的投资节奏和投资规则；其二，从空间上来说，渐进式发展模式主要强调的是在我国对外投资过程中，要注意到我国各省份间存在的差异（如对外投资水平和产业发展水平的差异等），根据各省份不同的实际情况，对不同东道国展开有针对性的投资；其三，从区位上来说，要区别对待“顺梯度”和“逆梯度”的对外投资原则。例如对于我国经济发展水平比较高的东南沿海城市，其劳动要素平均质量较高，科研投入比例较高，那么在进行对外投资时可以选择高水平产业结构的发达国家，整合高端要素，加速我国高端要素质量的提升；而对于我国北部、西部相对经济发展较弱的地区，由于其经济发展水平相对较弱，劳动要素质量平均较低，科研投入的比例也相对较少，那么在进行对外投资时可以选择产业结构、水平相对不发达的国家或地区，整合中、低端要素，倒逼我国中、低端要素升级，加速提升我国整体要素质量。可见两个梯度的对外直接投资都能够实现我国要素质量的提升，并对我国劳动要素收入起促进作用。

第三，扩大知识、资本密集型行业的对外投资规模。通过持续实施我国鼓励资本“走出去”政策，提高我国对知识密集型和资本密集型行业的对外投资，加快我国过剩产能的对外转移速度，提升我国劳动要素收入。转移我国的过剩产能有利于释放国内竞争优势产业的生产要素和资源，带动相关产业进一步发展，提高产业劳动要素收入。从行业分类来看，知识密集型和资本密集型行业对劳动要素收入提升贡献最大。因此，我国政府可以引导和鼓励我国社会资本向国外以上行业进行投资，如对核心技术的研发和应用的对外投资、对高附加值服务业方面进行的对外投资等。

参考文献

［1］蔡昉：《人口转变、人口红利与刘易斯转折点》，载《经济研究》2010 年第 4 期。

［2］曹明福：《全球价值链分工的利益分配》，西北大学，2007 年。

［3］陈开军、赵春明：《贸易开放对我国人力资本积累的影响——动态面板数据模型的经验研究》，载《国际贸易问题》2014 年第 3 期。

［4］陈敏、桂琦寒、陆铭、陈钊：《中国经济增长如何持续发挥规模效应——经济开放与国内商品市场分割的实证研究》，载《经济学（季刊）》2007 年第 1 期。

［5］陈勇兵、李燕、周世民：《中国企业出口持续时间及其决定因素》，载《经济研究》2012 年第 7 期。

［6］戴翔、刘梦、张为付：《本土市场规模扩张如何引领价值链攀升》，载《世界经济》2017 年第 9 期。

［7］方勇、戴翔、张二震：《要素分工论》，载《江淮学刊》2012 年第 7 期。

［8］高娟、刘星滟：《企业视角下的劳动力质量与产品质量关系研究》，载《统计与决策》2016 年第 23 期。

［9］郭沛、李亚成：《中国承接离岸服务外包的工资差距效应：基于世界投入产出数据库数据的再检验》，载《经济学家》2016 年第 2 期。

［10］韩会朝、于翠萍：《价格竞争还是质量竞争——中国出口产品竞争力的实证研究》，载《产经评论》2014 年第 6 期。

［11］何祚宇、代谦：《上游度的再计算与全球价值链》，载《中南财经政法大学学报》2016 年第 1 期。

[12] 胡乃武、刘睿：《中美日三国内生经济增长模型研究》，载《经济理论与经济管理》2007 年第 6 期。

[13] 胡昭玲、李红阳：《参与全球价值链对我国工资差距的影响：基于分工位置角度的分析》，载《财经论丛》2016 年第 1 期。

[14] 华民：《我们究竟应当怎样来看待中国对外开放的效益》，载《国际经济评论》2006 年第 1 期。

[15] 黄飞鸣：《中国经济动态效率——基于消费—收入视角的检验》，载《数量经济技术经济研究》2010 年第 4 期。

[16] 黄少安、韦倩：《合作与经济增长》，载《经济研究》2011 年第 8 期。

[17] 黄先海、徐圣：《中国劳动收入下降的原因分析——基于劳动节约型技术进步的视角》，载《经济研究》2009 年第 7 期。

[18] 黄先海、诸竹君、宋学印：《中国中间品进口企业“低加成率之谜”》，载《管理世界》2016 年第 7 期。

[19] 江静、刘志彪、于明超：《生产者服务业发展与制造业效率提升：基于地区和行业面板数据的经验分析》，载《世界经济》2007 年第 8 期。

[20] 蒋为、黄玖立：《国际生产分割、要素禀赋与劳动收入份额：理论与经验研究》，载《世界经济》2014 年第 5 期。

[21] 金碚：《中国经济发展新常态研究》，载《中国工业经济》2015 年第 1 期。

[22] 金京、戴翔：《国际分工演进与我国开放型经济战略选择》，载《经济管理》2013 年第 2 期。

[23] 金培：《牢牢把握发展实体经济这一坚实基础》，载《求是》2012 年第 7 期。

[24] 金祥荣、茹玉骢、吴宏：《制度、企业生产效率与中国地区间出口差异》，载《管理世界》2008 年第 11 期。

[25] 鞠建东、余心玎：《全球价值链上的中国角色——基于中国行业上游度和海关数据的研究》，载《经济南开经济研究》2014 年第 3 期。

[26] 李春顶：《中国出口企业是否存在“悖论”：基于中国制造业企业数据的检验》，载《世界经济》2010 年第 7 期。

[27] 李稻葵、刘霖林、王红领：《GDP 中劳动份额演变的 U 型规律》，载《经济研究》2009 年第 1 期。

[28] 李稻葵：《重视 GDP 中劳动收入比重的下降》，载《新财富》2007 年第 9 期。

[29] 李方静：《出口竞争与中国企业出口产品质量》，载《大连理工大学学报（社会科学版）》2015 年第 3 期。

[30] 李嘉图：《政治经济与赋税原理》，郭大力、王亚南译，商务印书馆 1962 年版。

[31] 李坤望、蒋为、宋立刚：《中国出口产品品质变动之谜：基于市场进入的微观解释》，载《中国社会科学》2014 年第 3 期。

[32] 李瑞琴：《国际产品内贸易对中国收入分配的效应研究》，经济科学出版社 2014 年版。

[33] 李小平、周记顺、卢现祥和胡久凯：《出口的“质”影响了出口的“量”吗?》，载《经济研究》2015 年第 8 期。

[34] 林桂军、何武：《中国装备制造业在全球价值链的地位及升级趋势》，载《国际贸易问题》2015 年第 4 期。

[35] 林毅夫、蔡昉、李周：《中国的奇迹：发展战略与经济改革》，上海人民出版社 1999 年版。

[36] 刘斌、王杰、魏倩：《对外直接投资与价值链参与：分工地位与升级模式》，载《数量经济技术经济研究》2015 年第 12 期。

[37] 刘斌、魏倩、吕越、祝坤福：《制造业服务化与价值链升级》，载《经济研究》2016 年第 3 期。

[38] 刘明宇、芮明杰：《全球化背景下中国现代产业体系的构建模式研究》，载《中国工业经济》2009 年第 5 期。

[39] 刘胜、顾乃华、陈秀英：《全球价值链嵌入、要素禀赋结构与劳动收入占比——基于跨过数据的实证研究》，载《经济学家》2016 年第 3 期。

[40] 刘维刚、倪红福、夏长杰：《生产分割对企业生产率的影响》，载《世界经济》2017年第8期。

[41] 刘维林：《中国式出口的价值创造之谜：基于全球价值链的解析》，载《世界经济》2015年第3期。

[42] 刘瑶：《参与全球价值链拉大了收入差距吗：基于跨国跨行业的面板分析》，载《国际贸易问题》2016年第4期。

[43] 刘瑶、丁妍：《中国ICT产品的出口增长是否实现了以质取胜——基于三元分解及引力模型的实证研究》，载《中国工业经济》2015年第1期。

[44] 刘瑶、孙浦阳：《外包拉大了工资差距吗？——基于行业技术特定性的理论与实证分析》，载《南开经济研究》2012年第5期。

[45] 刘瑶：《外包与要素价格：从特定要素模型角度的分析》，载《经济研究》2011年第3期。

[46] 刘志彪：《战略理念与实现机制：中国的第二波经济全球化》，载《学术月刊》2013年第1期。

[47] 刘志彪、张杰：《全球代工体系下发展中国家俘获型网络的形成、突破与对策：基于GVC与NVC的比较视角》，载《中国工业经济》2007年第5期。

[48] 刘志彪、张杰：《我国本土制造业企业出口决定因素的实证分析》，载《经济研究》2009年第8期。

[49] 刘志彪：《中国贸易量增长与本土产业的升级——基于全球价值链的治理视角》，载《学术月刊》2009年第2期。

[50] 卢锋：《产品内分工》，载《经济学（季刊）》2004年第4期。

[51] 卢福财、胡平波：《全球价值链网络下中国企业低端锁定的博弈分析》，载《中国工业经济》2008年第10期。

[52] 卢福财、罗瑞荣：《全球价值链分工条件下产业高度与人力资源的关系——以中国第二产业为例》，载《中国工业经济》2010年第8期。

[53] 罗长远、陈琳：《融资约束会导致劳动收入份额下降

吗？——基于世界银行提供的中国企业数据的实证研究》，载《金融研究》2012 年第 3 期。

［54］罗长远、魏娜：《中国出口扩张的价格效应：来自机械及运输设备类出口产品的证据》，载《财贸经济》2015 年第 8 期。

［55］罗长远、张军：《劳动收入占比下降的经济学解释——基于中国省级面板数据的分析》，载《管理世界》2009 年第 5 期。

［56］罗长远、智艳、王钊民：《中国出口的成本加成率效应：来自泰国的证据》，载《世界经济》2015 年第 8 期。

［57］罗德明、李晔、史晋川：《要素市场扭曲、资源错置与生产率》，载《经济研究》2012 年第 3 期。

［58］蒙英华、尹翔硕：《生产者服务贸易与中国制造业效率提升——基于行业面板数据的考察》，载《世界经济研究》2010 年第 7 期。

［59］邱斌、叶龙凤、孙少勤：《参与全球生产网络对我国制造业价值的实证研究——基于出口复杂度的分析》，载《中国工业经济》2012 年第 1 期。

［60］盛斌、廖明中：《中国的贸易流量与出口潜力：引力模型的研究》，载《世界经济》2004 年第 2 期。

［61］盛斌、毛其淋：《贸易自由化、企业成长和规模分布》，载《世界经济》2015 年第 2 期。

［62］盛斌、牛蕊：《生产性外包对中国工业全要素生产率及工资的影响研究》，载《世界经济文汇》2009 年第 6 期。

［63］盛丹、陆毅：《出口贸易是否会提高劳动者工资的集体议价能力》，载《世界经济》2016 年第 5 期。

［64］盛丹：《外资进入是否提高了劳动者的讨价还价能力》，载《世界经济》2013 年第 10 期。

［65］盛丹、王永进：《中国企业低价出口之谜：基于企业加成率的视角》，载《管理世界》2012 年第 5 期。

［66］施炳展、邵文波：《中国企业出口产品质量测算及其决定因素》，载《管理世界》2014 年第 9 期。

[67] 石静霞:《国际贸易投资规则的再构建及中国的因应》, 载《中国社会科学》2015 年第 9 期。

[68] 苏杭、郑磊、牟逸飞:《要素禀赋与中国制造业产业升级——基于 WIOD 和中国工业企业数据库的分析》, 载《管理世界》2017 年第 4 期。

[69] 孙晓华、王昀、郑辉:《R&D 溢出对中国制造业全要素生产率的影响——基于产业间、国际贸易和 FDI 三种溢出渠道的实证检验》, 载《南开经济研究》2012 年第 5 期。

[70] 唐东波:《垂直专业化贸易如何影响了中国的就业结构》, 载《经济研究》2012 年第 8 期。

[71] 唐东波:《全球化对中国就业结构影响》, 载《世界经济》2011 年第 9 期。

[72] 唐东波:《全球化与劳动收入占比: 基于劳资议价能力的分析》, 载《管理世界》2011 年第 a8 期。

[73] 唐海燕、张会清:《产品内国际分工与发展中国家的价值链提升》, 载《经济研究》2009 年第 9 期。

[74] 唐宜红、林发勤:《异质性企业贸易模型对中国企业出口的适用性检验》, 载《南开经济研究》2009 年第 6 期。

[75] 田巍、余淼杰:《企业出口强度与进口中间品贸易自由化: 来自中国企业的实证研究》, 载《管理世界》2013 年第 1 期。

[76] 田文、张亚青、佘珉:《全球价值链重构与中国出口贸易的结构调整》, 载《国际贸易问题》2015 年第 3 期。

[77] 汪伟、郭新强、艾春荣:《融资约束, 劳动收入份额下降与中国低消费》, 载《经济研究》2013 年第 11 期。

[78] 王怀民:《加工贸易、劳动力成本与农民工就业——兼论新劳动法和次贷危机对我国加工贸易出口的影响》, 载《世界经济研究》2009 年第 1 期。

[79] 王金营:《中国经济增长与综合要素生产率和人力资本需求》, 载《中国人口科学》2002 年第 2 期。

[80] 王进猛、沈志渔:《内部贸易对外资企业绩效影响实证研究——基于国际分工和交易成本的视角》，载《财贸经济》2015 年第 2 期。

[81] 王俊、黄先海:《跨国外包对我国制造业就业的影响效应》，载《财贸经济》2011 年第 6 期。

[82] 王岚、李宏艳:《中国制造业融入全球价值链的路径研究: 嵌入位置和增值能力的视角》，载《中国工业经济》2015 年第 2 期。

[83] 王岚:《融入全球价值链对中国制造业国际分工地位的影响》，载《统计研究》2014 年第 5 期。

[84] 王玲、A. Szirmai:《高技术产业技术投入和生产率增长之间关系的研究》，载《经济学（季刊)》2008 年第 7 期。

[85] 王思语、林桂军:《供给侧改革背景下的我国服务业发展思考》，载《国际贸易》2017 年第 3 期。

[86] 王晓霞、白重恩:《劳动收入份额格局及其影响因素研究进展》，载《经济学动态》2014 年第 3 期。

[87] 王永进、盛丹:《要素积累、偏向型技术进步与劳动收入占比》，载《世界经济文汇》2010 年第 4 期。

[88] 卫瑞、张文城、张少军:《全球价值链视角下中国增加值出口及其影响因素》，载《数量经济技术经济研究》2015 年第 7 期。

[89] 魏龙、王磊:《全球价值链体系下中国制造业转型升级分析》，载《数量经济技术经济研究》2017 年第 6 期。

[90] 杨高举、黄先海:《内部动力与后发国分工地位升级——来自中国高技术产业的证据》，载《中国社会科学》2013 年第 2 期。

[91] 姚洋、崔静远:《中国人力资本的测算研究》，载《中国人口科学》2015 年第 1 期。

[92] 姚战琪:《全球价值链背景下中国服务业的发展战略及重点领域——基于生产者服务业与产业升级视角的研究》，载《国际贸易》2014 年第 7 期。

[93] 叶作义、张鸿下:《全球价值链下国际分工结构的变化——基于世界投入产出表的研究》，载《世界经济研究》2015 年第 1 期。

［94］易靖韬：《企业异质性、市场进入成本、技术溢出效应与出口参与决定》，载《经济研究》2009 年第 9 期。

［95］袁志刚、解栋栋：《中国劳动力错配对 TFP 的影响分析》，载《经济研究》2011 年第 46 期。

［96］曾先峰、李国平：《资源再配置的增长效应：理论脉络及最新进展》，载《当代经济科学》2009 年第 9 期。

［97］张二震、方勇：《要素分工与中国开放战略的选择》，载《南开学报》2005 年第 6 期。

［98］张少军：《全球价值链降低了劳动收入份额吗：来自中国行业面板数据的实证研究》，载《经济学动态》2015 年第 10 期。

［99］张幼文：《从廉价劳动力优势到稀缺要素优势——论“新开放观”的理论基础》，载《南开学报》2005 年第 11 期。

［100］张幼文：《全球化经济形成机制与本质分析》，载《上海财经大学学报》2006 年第 10 期。

［101］张幼文：《要素集聚与中国在世界经济中的地位》，载《学术月刊》2007 年第 3 期。

［102］张幼文：《知识经济的生产要素及其国际分布》，载《中国工业经济》2002 年第 8 期。

［103］赵伟、钟建军：《劳动成本与进口中间产品质量——来自多国产品—行业层面的证据》，载《经济理论与经济管理》2013 年第 11 期。

［104］Acemoglu D.，and Robinson J. A. The Rise and Decline of General Laws of Capitalism ［J］. Journal of Economic Perspectives，2015，29 (1)：3 -28.

［105］Acemoglu D. Changes in Unemployment and Wage Inequality：An Alternative Theory and Some Evidence ［J］. American Economic Review，1999，89 (5)：1259 -1278.

［106］Acemoglu D. Directed Technical Change ［J］. Review of Economic Studies，2002，69 (4)：781 -809.

[107] Acemoglu D. Equilibrium Bias of Technology [J]. Econometrica, 2007, 75 (5): 1371 -1409.

[108] Acemoglu D. Labor and Capital - Augmenting Technical Change [J]. Journal of the European Economic Association, 2003, 1 (1): 1 -7.

[109] Ahsan R. N. , and Mitra D. Trade Liberalization and Labor's Slice of the Pie: Evidence from Indian Firms [J]. Journal of Development Economics, 2014, 108 (C): 1 -16.

[110] Aiyar S. and Feyrer J. A contribution to the Empirics of total Factor Productivity [J]. Working Paper, 2002. IMF and Dartmouth College.

[111] Antoniades A. Heterogenous Firms, Quality, and Trade [J]. Journal of International Economics, 2015, 95 (2): 263 -273.

[112] Antras P. , and Chor D. Organizing the Global Value Chain [J]. Econometrica, 2013, 81 (6): 2127 -2204.

[113] Antras P. , Chor D. , Fally T. , and Hillberry R. Measuring the Upstreamness of Production and Trade Flows [J]. American Economic Review: Papers and Proceedings, 2012, 102 (3): 412 -416.

[114] Antras P. , Garicano L. , and Rossi - Hansberg E. Offshoring in a Knowledge Economy [J]. Quarterly Journal of Economics, 2006, 121 (1): 31 -77.

[115] Arkolakis C. , Costinot A. , Rodriguez-clare. New Trade Models, Same Old Gains [J]. American Economic Review, 2012, 102 (1): 94 -130.

[116] Arkolakis C. , Demidova S. , Klenow P. J. , Rodriguez-clare A. Endogenous Variety and the Gains from Trade [J]. American Economic Review, 2008, 98 (2): 444 -450.

[117] Arndt S. W. Globalization and the Gain from Trade [A]. in Jaeger, K. and K. J. Koch eds, Trade, Growth and Economics Policy in Open Economics, Springer - Verlag: New York, 1997.

[118] Arndt S. W. Trade, Technical Change, and Welfare [R].

Lowe Institute of Political Economy Working Papers, 2004, No. 0201.

[119] Arpaia A., Perez E., and Pichelmann K. Understanding Labour Income Share Dynamics in Europe [R]. European Economy Working Paper, 2009, No. 379.

[120] Atkeson A. Burstein A. Innovation, Firm dynamics, and International Trade [J]. Journal of Political Economy, 2010, 118 (3): 433 - 484.

[121] Bai C. Qian Z. The Factor Income Distribution in China: 1978—2007 [J]. China Economic Review, 2010, 21 (4): 657 - 683.

[122] Barro R. J., Human Capital and Growth [J]. American Economic Review, 2001, 91 (2): 12 - 17.

[123] Bassanini A. Manfredi T. Capital's Grabbing Hand? A Cross - Country/Cross - Industry Analysis of the Decline of the Labour Share [R]. OECD Social, Employment, and Migration Working Papers, 2012, No. 133.

[124] Basu D., Vasudevan R. Technology, Distribution and the Rate of Profit in the US Economy: Understanding the Current Crisis [J]. Cambridge Journal of Economics, 2013, 37 (1): 57 - 89.

[125] Belke A., Dreger C., Ochmann R. Do Wealthier Households Save More? The Impact of the Demographic Factor [R]. IZA Discussion Paper, 2012, No. 6567.

[126] Burstein A., Cravino J. Measured Aggregate Gains from International Trade [J]. American Economic Journal: Macroeconomics, 2015, 7 (2): 181 - 218.

[127] Burstein A., Vogel J. Factor Prices and International Trade: A Unifying Perspective [R]. NBER Working Paper, 2011, No. 16904.

[128] Burstein A., Vogel J. Globalization, Technology, and the Skill Premium: A Quantitative Analysis [R]. NBER Working Paper, 2010, No. 16459.

[129] Cacciatore M. International Trade and Macroeconomic Dynamics

with Labor Market Friction [J]. Journal of International Economics, 2014, 93 (1): 17 -30.

[130] Caliendo L., Parro F. Estimates of the Trade and Welfare Effects of North American Free Trade Agreement [J]. Review of Economic Studies, 2015, 82 (1): 1 -44.

[131] Cosatinot A., Rodriguez-clare. Trade Theory with Numbers: Quantifying the Consequences of Globalization [R]. NBER Working Paper, 2013, No. 18896.

[132] Cositinot A., Vogel J., Wang S. Global Supply Chains and Wage Inequality [J]. American Economic Review, 2012, 102 (3): 396 - 401.

[133] Costinot A., Vogel J., Wang S. An Elementary Theory of Global Supply Chains [J]. Review of Economic Studies, 2013, 80 (1): 109 - 144.

[134] Cubas G., Ravikumar B., Ventura G. Talent, Labor Quality, and Economic Development [J]. Federal Reserve Bank of St. Louis Working Paper, 2014, No. 2013 027B.

[135] Erosa A., Koreshkova T., Restuccia D. How Important is Human Capital: A Quantitative Theory Assessment of World Income Inequality [J]. Review of Economic Studies, 2010, 77 (4): 1421 -1449.

[136] Fally T. Production Staging: Measurement and Facts [R]. Working Paper of University of Colorado, 2012, August.

[137] Gasiorek M., Rodriguez-clare J. China - EU Global Value Chains: Who Creates Value, How and Where? [R]. Eu-ropean Commission's Directorate General for Trade Working Paper, 2014, January.

[138] Goldberg P. K., Pavcnik N. Distributional Effects of Globalization in Developing Countries [J]. Journal of Economic Literature, 2007, 45 (1): 39 -82.

[139] Hallak J. C. A Product Quality View of the Linder Hypothesis

[J]. Review of Economics and Statistics, 2010, 92 (3): 453 -466.

[140] Hanushek E. A., Kimko D. D. Schooling, Labor - Force Quality, and the Growth of Nations [J]. American Economic Review, 2000, 90 (5): 1184 -1208.

[141] Hendricks L. How Important is Human Capital for Development? Evidence from Immigrant Earnings [J]. American Economic Review, 2002, 92 (1): 198 -219.

[142] Hummels D., Ishii J., Yi K. M. The Nature and Growth of Vertical Specialization in World Trade [J]. Journal of Interna-tional Economics, 2001, 54 (1): 75 -96.

[143] Ivanova M. N. Profit Growth in Boom and Burst: the Great Recession and the Great Depression in Comparative Per-spective [J]. Industrial and Corporate Change, 2016, 4 (22): 1 -24.

[144] Izyumov A., Vahaly J. Recent Trends in Factor Income Shares: A Global Perspective [J]. Journal of Economic Stud-ies, 2014, 41 (5): 696 -707.

[145] Johnson R. C., Noguera G. Proximity and Production Fragmentation [J]. American Economic Review, 2012, 102 (3): 407 -411.

[146] Kaplinsky R., and Morris M. A Handbook for Value Chain Research [M/CD]. IDRC, 2006.

[147] Karabarbounis L., and Neiman B. The Global Decline of the Labor Share [J]. Quarterly Journal of Economics, 2014, 129 (1): 61 -103.

[148] Kee H. L., and Tang H. Domestic Value - Added in Exports: Theory and Evidence from China [J]. American Economic Review, 2016, 106 (6): 1402 -1436.

[149] Keynes J. M. Relative Movements of Real Wages and Output [J]. Economic Journal, 1939, 49 (193): 34 -51.

[150] Khandelwal A. K., Schott P. K., and Wei S. Trade Liberaliza-

tion and Embedded Institutional Reform: Evidence from Chinese Exporters [J]. American Economic Review, 2013, 103 (6): 2169 -2195.

[151] Kohler W. A Special-factors View on Outsourcing [J]. The North American Journal of Economics and Finance, 2001, 12 (1): 31 - 53.

[152] Koopman R., Powers W., Wang Z., and Wei S. Give Credit Where Credit is Due: Tracing Value Added in Global Production Chains [R]. NBER Working Paper, 2010, No. 16426.

[153] Koopman R., Wang Z., and Wei S. Estimating Domestic Content in Exports When Processing Trade is Pervasive [J]. Journal of Development Economics, 2012, 99 (1): 178 -189.

[154] Koopman R., Wang Z., and Wei S. Tracing Value-added and Double Counting in Gross Exports [J]. American Economic Review, 2014, 104 (2): 459 -494.

[155] Kremer M. The O - Ring Theory of Economic Development [J]. Quarterly Journal of Economics, 1993, 108 (3): 551 -575.

[156] Krugman P. R. The Return to Increasing Returns [M]. Ann Arbor: University of Michigan Press, 1994.

[157] Krusell P., Ohanian L. E., Ríos - RullJ - V, Violante G. L. Capital - Skill Complementarity and Inequality: A Macroeconomic Analysis [J]. Econometrica, 2000, 68 (5): 1029 -1053.

[158] Lawrence R. Z., and Slaughter M. J. International Trade and American Wages in the 1980s: Giant Sucking Sound or Small Hiccup? [C]. Brookings Papers on Economic Activity: Microeconomic, 1993, 2: 161 -226.

[159] Li K., and Jiang W. How Chinese Manufacturers Compete in Global Markets: Price Competition VS Quality Competition [Z]. Nankai University, 2016.

[160] Lopez Gonzalez J., Kowalski P., and Achard P. Trade, Global Value Chains and Wage - Income Inequality [R]. OECD Trade Policy

Papers, 2015, No. 182.

[161] Ma H., Wang Z., and Zhu K. Domestic Content in China's Exports and its Distribution by Firm Ownership [J]. Journal of Comparative Economics, 2015, 43 (1): 3-18.

[162] Manova K., and Yu Z. Firm and Credit Constraints along the Global Value Chain: Processing Trade in China [R]. NBER Working Paper, 2012, No. 18561.

[163] Manova K., and Zhang Z. Export Prices Across Firms and Destinations [J]. Quarterly Journal of Economics, 2012, 127 (1): 379-436.

[164] Markusen J. R. Expansion of trade at the extensive Margin: A general gains-from-trade result and illustrative exam-ples [J]. Journal of International Economics, 2013, 89 (1): 262-270.

[165] Markusen J. R. Putting Per-capita Income Back into Trade Theory [J]. Journal of International Economics, 2013, 90 (2): 255-265.

[166] Maurer A., and Degain C. Globalization and Trade Flows: What You Get [J]. Journal of International Commerce, Economics and Policy, 2012, 3 (3): 1-27.

[167] McDonald I. M., and Solow R. M. Wage Bargaining and Employment [J]. American Economic Review, 1981, 71 (5): 896-908.

[168] Melitz M. J., Redding S. J. Missing Gains from Trade [J]. American Economic Review, 2014, 104 (5): 317-321.

[169] Mezzetti C., and Dinopoulos E. Domestic Unionzation and Import Competition [J]. Journal of International Economics, 1991, 31 (1-2): 79-100.

[170] Miroudot S., Lanz R., and Ragoussis A. Trade in Intermediate Goods and Services [R]. OECD Trade Policy Working Paper, 2009, No. 93.

[171] Nucci F., and Pozzolo A. F. The Exchange Rate, Employment and Hours: What Firm Level Data Say? [J]. Journal of International Economics, 2010, 82 (2): 112-123.

[172] Polgreen L. Silos P. Capital – Skill Complementarity and Inequality: A Sensitivity Analysis [J]. Review of Economic Dynamics, 2008, 11 (2): 302 –313.

[173] Porter M. E. Competitive Advantage: Creating and Sustaining Superior Performance [M]. New York: The Free Press, 1985.

[174] Raimon R. L., Stoikov V. The Quality of the Labor Force [J]. Industrial and Labor Relations Review, 1967, 20 (3): 391 –413.

[175] Ramonda N., Rodriguez-clare A. Trade, Multinational Production, and the Gains from Openness [J]. Journal of Political Economy, 2013, 121 (2): 273 –322.

[176] Romer P. M. Endogenous Technological Change [J]. Journal of Political Economy, 1990, 98 (5): 71 –102.

[177] San G., Huang T. C., Huang L. H. The Establishment and Application of a Labor Quality Index: The Case of Taiwan's Manufacturing Industry [J]. Social Indicators Research, 2006, 79 (1): 61 –96.

[178] Saviotti P. P., Pyka A. Economic Development, Qualitative Change and Employment Creation [J]. Structural Change and Economic Dynamics, 2004, 15 (3): 265 –287.

[179] Saviotti P. P., Pyka A. Product Variety, Competition and Economic Growth [J]. Journal of Evolutionary Economics, 2008, 18 (3): 323 –347.

[180] Schoellman T. Education Quality and Development Accounting [J]. Review of Economic Studies, 2012, 79 (1): 388 –417.

[181] Schott P. K. The Relative Sophistication of Chinese Exports [J]. Economic Policy, 2008, 23 (53): 5 –49.

[182] Schwerdt G., Turunen J. Growth in Euro Area Labour Quality [J]. Review of Income and Wealth, 2007, 53 (4): 716 –734.

[183] Spector D. Competition and the Capital – Labor Conflict [J]. European Economic Review, 2004, 48 (1): 25 –38.

[184] Stehrer R. Trade in Value Added and the Value Added in Trade [R]. WIIW Working Papers, 2012, No. 81.

[185] Stolper W. F., and Samuelson P. A. Protection and Real Wages [J]. Review of Economic Studies, 1941, 9 (1): 58-73.

[186] Timmer M. P., Erumban A., Los B., Stehrer R., and De Vries G. New Measures of European Competitiveness: A Global Value Chain Perspective [R]. WIOD Working Paper, 2012, No. 9.

[187] Timmer M. P., Erumban A., Los B., Stehrer R. G. Vries DE G. J. Slicing Up Global Value Chains [J]. Journal of Economic Perspectives, 2014, 28 (2): 99-118.

[188] Trefler D., Zhu S. C. The Structure of Factor Content Predictions [J]. Journal of International Economics, 2010, 82 (2): 195-207.

[189] Upward R., Wang Z., and Zheng J. Weighing China's Export Basket: The Domestic Content and Technology Intensity of Chinese Exports [J]. Journal of Comparative Economics, 2013, 41 (2): 527-543.

[190] Valentinyi A., and Herrendorf B. Measuring Factor Income Share at the Sectoral Level [J]. Review of Economic Dynamics, 2008, 11 (4): 820-835.

[191] Wang Z., Wei S., and Zhu K. Quantifying International Production Sharing at the Bilateral and Sector Levels [R]. NBER Working Paper, 2013, No. 19677.

[192] Warke T. W. International Variation in Labor Quality [J]. Review of Economics and Statistics, 1986, 68 (4): 704-706.

[193] Yang D. T. Educationin Production: Measuring Labor Quality and Management [J]. American Journal of Agricultural Economics, 1997, 79 (3): 764-772.

[194] Zavodny M. Unions and the Wage - Productivity Gap [J]. Economic Review, 1999, 84 (2): 44-53.

后　　记

全球价值链分工的深入发展将生产要素推上国际舞台中央。一方面，分工的节点由产品转变为生产要素，要素在国际间流动性增强；另一方面，分工体系演变为要素合作体系，全球资源深度整合。作为参与价值链分工的基础单元，本国生产要素获得的要素收益成为贸易利益的直观表现和贸易利益的实质。对外贸易对一国要素收入存在影响的理论思想，最初可见于斯密的绝对优势理论。其后，全球价值链分工的各个阶段的主要贸易理论和贸易思想都从不同的角度对这一问题进行了探讨。商务部研究院发布的《中国开放发展报告2019》显示，我国货物进出口总额从1978年的206.4亿美元增加到2019年的4.5万亿美元，贸易大国的地位进一步巩固。然而，在总量贸易统计层面，我国在国际分工中始终存在“赚了数字，失了利益”的问题。当前国际分工已经进入全球价值链分工体系，生产要素在国际间的流动性增强，同时也构建出全新的要素收入分配结构。价值链分工下的贸易利益越来越表现为参与分工的要素收入。我国已经成为全球最大的增加值出口国，但其增加值规模是否与贸易利益相匹配是值得关注的问题。全球价值链分工模式下，生产要素是参与国际分工的基础单元，不同国家的要素收入构建出全球化下的利益分配网络。因此，生产要素收入提升是贸易质量提升的根本体现。基于此，本书选取从要素收入，特别是劳动要素收入提升的角度对价值链分工下贸易利益的问题进行分析，以期能够从本质上提升中国参与国际分工的福利效应。另外，中国作为具有代表意义的发展中大国和新兴工业化国家，基于价值链分工的视角以生产要素收入为核心的贸易利益的研究将进一步拓展此类问题的研究空间，为发展中国家和新兴工业化国家实现对外开放与开放收益的可持续发展和整体国民福利的进一步改善提供新的理论视角。

这部专著是在我的国家社科基金项目“基于增加值贸易的我国生产要素所有者真实收入水平测度与提升研究”（16CJY057）结项研究报告的基础上修改和完善而成。该课题主要与韩渊源博士合作完成，研究中得到了崔日明教授的倾心指导，从书稿最初作为国家社科基金申请书到课题的结项报告以及后来书稿的修改，崔日明教授高屋建瓴，提出了一系列的创新性思想。在此感谢崔日明教授十几年来对我学习、工作和生活的关爱、帮助和指导！

这部专著是辽宁大学应用经济学系列丛书之一，感谢辽宁大学应用经济学国家“双一流”建设学科带头人林木西教授对学科建设的倾力付出，感谢他一直以来对我的支持和鼓励！辽宁大学应用经济学学科不仅为我营造了良好、积极和浓厚的学术氛围，更使我能够在一个高平台上安心、专心和静心地开展学术研究。感谢应用经济学一流学科建设办公室主任王璐在工作和科研方面给予的帮助和提供的便利！

最后，为韩渊源博士送上真诚的祝福！这部专著是与她在炎炎夏日共同进行学术探讨的纪念，是寒冬腊月与她一次次修改完善的回忆，是与她亦师亦友的深厚情谊的印证。韩渊源博士目前在中央财经大学保险精算专业做博士后研究，衷心祝福她今后的工作和生活有更广阔的空间！

2020年8月

李　丹